絶滅危惧個人商店

井上理津子

筑摩書房

カバー・本文イラスト　中村章伯

目次

本書は「ちくま」二〇一八年一二月号から二〇二〇年五月号まで連載されたものに加筆・編集を加えたものです。

本書のなかでの店舗のようすや人物の年齢・肩書などは、取材時のままとしてあります。取材年月は、各項目の末尾に記載してあります。

荒川区日暮里の佃煮「中野屋」

「みなさん、朝から、手に手に丼を持って買いに来られるの」

どうだ、と言わんばかりの外観に、ここを通るたび、しびれていた。重厚というのとは、ちょっと違う。華やかでもない。しっかり使われてきました。今も使っています、といういぶし銀のオーラを放っているのだ。アイボリーのコンクリート壁が、二階の窓よりも相当高くまで。緑色の庇《ひさし》の下に、木枠のガラスケース。その足元を支えるのは、ゆるくカーブしたタイル造りの台だ。右側の側面は、思うに、傷んだので隠しときましたふうに、上から下までひたすら板が張ってあるのも好感度をアップさせる。

　日暮里駅からだらだらと坂を上って、谷中銀座の方向に行く手前にある「中野屋」という佃煮屋さんだ。ガラスケースの中の直径それぞれ四、五十センチの大皿に、椎茸こんぶ、葉唐辛子、ハゼ、アミ、甘海老、あさり、豆類などの佃煮が、どっさり盛られたさまも素敵なのだが、いかんせん私は薄味好きの関西人。東京の佃煮はこってりだからなあと敬遠してきた。ところがある日、いぶし銀に負けて買ってみた。

「椎茸こんぶと、おじゃこを下さい。百グラムずつでもいいですか」

「もちろんですよ。うちは量り売りだし、百グラムって方が多いから、お気遣いなさらないで」

そんな問答を店の方として。

その方、声も若く、茶色というより赤に近い色に染めた頭髪もおしゃれだが、なかなかのご年配のよう。

「このお店、相当長くやってらっしゃいます？」。私が問いかけると、

「九十七年（目）ですよ。大正十二年からだから」

「大正十二年って関東大震災の年じゃないですか」

「そうそうそうそう。私はその次の年にここでオギャアと生まれたから九十五」

「うわあ、すごくお元気そう」

「ははは……。私はずっとここ」

「じゃあこの辺りの昔のこと、なんでもご存じで」とちょっと振ってみると、

「蕎麦屋の角に、ステンドガラスのきれいな珈琲店だかなんかがありましたよ、昔。それに、店の前のこの道ね、今じゃずいぶん広いけど、昔はその歩道の幅しかなかったのよ。昭和十六年にうんと広げられたんですよ。そう、建物疎開」

と、突如昔のことを点々と教えてくださったのは、取材できるかなという私の下心を見透かしていらっしゃったからかもしれない。そんないくつかのやりとりが、今回、登場していただくきっかけだ。しかも、買って帰った深い飴色の椎茸こんぶとじゃこの佃煮を食べると、これがなかなかいける。濃いことは濃いが、すごく濃くはない。醬油の角が取れている。たいへん風味がよろしくて。私の中で東京の佃煮の株がぐっと上がった。

数日後に伺い、「この前いただいたおじゃこ、とっても美味しかったです」と申し上げる。

「あら、関西の方ですね。おじゃこって」

「あ、そうか、東京ではおじゃこと言わないんでしたっけ」

「そうよ、しらす」

しらすだとナマのままみたい、と心の中で突っ込む。

「お口に合ってよかったですわ。私はね、関西のちりめんじゃこの佃煮の、ふわっとした味のほうが好きなの。京都に行ったら、山椒入りのを必ず買ってくるんですよ」

あらあら、お店でそんなこと言っちゃって。と、ニヤリ。

ともあれ、どうやら大らかな性格らしきこの方に、話を聞かせてもらうことになった。「じゃあここで」と、店の前の長椅子に二人で腰をかけた途端、「暑いから、あっちにしましょ」とおっしゃって、隣の寺の山門のところへ移動。すたすたと何歩か歩く間に、「うち、このお寺――経王寺《きょうおうじ》の借地なんですよ。建物は自前ですけど、地代はずっと払ってるの。この辺り、お寺だらけでしょ。みんなそうよ」と。日陰になった、ちょうどいい高さの植え込みのコンクリート枠に、共にちょこんと腰掛ける。

おしゃべりの冒頭、ええっと、つまり（あなたは）中野屋さんの奥さんじゃなくて、お嬢さんっていうことですよね、と言ったら、

「違う違う。む・す・め。商人の家は、お嬢さんじゃなくて娘。奥さんじゃなくて女将《おかみ》さんなんですよ。なのに、この頃みんな言葉遣いがダメになっちゃってる。ちゃんとそう書いてくださいよ」

あ、そうなんですか、失礼しました。と小さくなると、たちまち、「私は看板娘、いやいや看板おばあちゃん」と言って大笑いされる。気遣いの人だな――。

「大正十三年生まれっておっしゃってました。戦前のいい時代もご存じの世代ですよね」と横道から入る。

「そうなの。このへん、朝はね、『あさり〜』『しじみ〜』っていう物売りの声が、目覚ましがわりに聞

こえたの。その次が『ナットナットー、ナット』って納豆売りが来て、それから新聞配達の音。最後に、ぷーぷーとラッパを鳴らして豆腐売りが来て……」

まるまる江戸落語の世界のよう。いや、納豆売りは夏目漱石の『門』にも出てきたのではなかったか。素敵ですこと。

「佃煮屋さんの娘が、それを買いに行くんですか」

「いえいえいえ。うちには女中さんがいましたから。ねえやって呼んでたなあ」から、

「ねえやが掃除洗濯ご飯をして、三人いた小僧さんが、煮物と店の掃除なんかをするの」

「さすが立派な商家」

「立派じゃないわよ。あの家の中に、両親と、二つ違いの弟とねえやと小僧さんでしょ。小僧さん、男三人三畳に寝てね……」

と話が続いていくのを折らせてもらって、お名前をお聞きする。

「かねこよしこ。普通の金子に、よしこの『よし』は、不良の良。善良の良じゃないわよ」と、ジョークも達者な九十五歳である。

「元気の秘訣？　肉食と道楽。佃煮屋をしていて言うのも何だけど、私、佃煮よかお肉のほうが好きでねー。週二回はお肉食べないとダメなんですよ」。あらあら。さらに、「道楽はねえ……そのスマホでユーチューブ見られる？」とおっしゃる。九十五歳の口から「ユーチューブ」。びっくりし、脈絡がわからないまま「はい」と言うと、「金子良子、シャンソン、で検索してみてくださる？」。

画面に現れたのは、赤いロングドレスを着て、ライブハウスでシャンソンを歌う良子さんの姿だった。

「私、トップスターだった春日野八千代に入れあげたのが最初で、ずうっと宝塚の大ファンなんですよ。いまだに宝塚劇場に通ってるの。ここ十年は麻生恵《けい》先生に夢中で、先生にシャンソンを習ってるの。あ

つくだ煮
2-5

と、謡曲と油絵と麻雀も。道楽よね～」

おそれいりました――。

「こーちゃん」こと越路吹雪や乙羽信子、八千草薫らも宝塚で見たわよという話が縷々《るる》。ところで、そろそろお店ストーリーを教えてほしいな。と、思えてきたタイミングで、「このお店はね」という話に自ら切り替えてくれるって、すごい空気の読みだ。私は良子さんの手のひらに載せられている。


両親は、千葉県の利根川河畔の小さな町、布佐（現・我孫子市）育ち。結婚して東京に出てきて、本所厩橋《うまやばし》（現・墨田区）で大叔父が営む佃屋「エビや」に二人して勤めた。大正半ばだろう。

「あの時代に母は県立の女学校を出ていて、算盤《そろばん》ができたから、重宝されたみたいですよ。カタカナでエビ、ひらがなでやと書く『エビや』って知ってます？　今は漢字の名前になって、あちこちのデパートでも売ってる有名店ですよ。大叔父は、そりゃあ頑張ったんでしょうが、人使いが荒かった。甥も姪もお構いなしにこき使った。このままじゃ飼い殺しにされると（笑）、二人でこのお店をやりはじめたらしいですよ」

本所は関東大震災でとても被害が大きかった地だ。本所被服廠《ひふくしょう》跡が満員で隣の安田庭園に逃げたのでなんとか助かった父母が、日暮里にたどり着く。町は壊れていなかった。「女の人が一人でやっていた」という二階建ての佃煮屋を居抜きで購入し、開業したのだそうだ。中野屋という名は、父の実家が布佐で東大ボート部らが常宿とする旅籠《はたご》をやっていた、その屋号を継いだ。

「父と母は店を構えられて安心して（私を）製造したんでしょう」と、またひと笑い。

創業翌年に生まれた良子さんが物心つきはじめた昭和四年に、両親は今の建物に建て替えたというから、いかに繁盛したかが窺《うかが》える。「父に先見の明があったのは、大きな地下室を造っちゃったこと。佃煮の材料を保管するためだったけど、おかげで防空壕を掘らなくて済んだんですよ」。

佃煮の材料は、両親の故郷にも近い霞ヶ浦から、エビ、アミ、ハゼ、ワカサギなどが木箱に詰められ、常磐線で運ばれてきた。アサリ、しらすなど海の魚介は、浦安、船橋あたりから。日暮里駅に着き、小僧さんたちが取りに行っていた。

「それにね、覚えているのは」と良子さんの目がいきおい輝いた。

「みなさん、朝から、手に手に丼を持って買いに来られるの」

自分ちの丼に、熱々の佃煮を盛って帰り、それをおかずにちゃぶ台を囲む、質素だけど贅沢な戦前の町びとたちの朝ごはん。目と鼻の先に、谷中、千駄木。小さな家がひしめいていた。すぐ近くには下宿屋もあった。

「三階を増築するまでお風呂がなくて、夏はたらいで行水したのよ。昼間に佃煮を炊いた釜で沸かしたお湯で。釜、熱くなってるからすぐに沸いたの」と面白い話が出てきたが、何しろ良子さんはお嬢さん。じゃない、娘さんだから、佃煮の製造にも販売にもノータッチ。店の本筋の話は聞けないなと思っていたら、

「女学校を昭和十三年に卒業して、お茶にお花にお裁縫を習っていたけど、徴用されたらヤだから、親戚のおじさんの紹介で文部省大臣官房秘書課に勤めたの。仕えた大臣は二宮治重さん、太田耕造さん、前田多門さんでしたか。直属の上司は秘書官で、来訪者の名前を聞くとかお茶を出すとか、三十くらいの電話番号を頭にインプットして繋《つな》ぐとか、モーニングにブラッシングするとか、今の人に比べりゃ全然大変でないお仕事よ。玉音放送は、秘書室で一人ぽつんと聞きましたよ。よく聞こえなかったわ」

という話に続いて出てきた戦中戦後の店の脇道話がなかなか。

「(今腰掛けている) ここに、お巡りさんの駐在所があったの。お巡りさんも人間じゃない？　窓から

『味噌くれ～、醤油くれ～』って。うちは商売柄、味噌も醤油もあったから、あげる。すると、お巡りさんはなぜかお酒をたくさん持ってらして、くださる。物々交換したんですよ。そんなふうにお巡りさんと真隣だったから、戦後はお砂糖があるのに闇売りができなかったわ。でも、父のいとこが進駐軍のドライバーだったから、わざと車から落っことして、ロースハムやコンビーフやタバコを持ってきてくれたのよ。今だから言えますけど。

　で、戦後、私ね、すっごいいいことを思いついたの。田舎から小麦粉が手に入ったから、お団子に丸めてお湯でグラグラ茹でて、お砂糖をバーッとかけて、店で売ったんですよ。そしたら売れる売れる、ものすごく売れる。朝から行列ができて、お客さんが並んじゃう。私は、たんまり（売上金を）持って、毎日夕方には銀座へ繰り出し、宝塚を観たの」

　二歳下の弟・誠さんが、兵隊にとられなかったのは、早稲田大学に入った年に、志賀高原にスキーに行って骨折して治療が長引き、昭和二十年の徴兵検査で一年猶予されたからだという。「でなきゃ、婿を取って店を継ぎなさいとなったはずだけど、おかげさまで」。

　ということは、ずっとお一人で？

「そうよ。だってあなた、宝塚の男装の麗人みたいな人、どこにもいないもの。初恋ダメ、片恋ダメ……。こっちがいいと思っても、あっちがダメっていうときだってあるじゃない」と、にこにこと。ふと思うに、男が戦争で激減し、「トラック一杯の女に男一人」と言われた世代でもある。

　近くに所帯を構えた誠さんと、家に残った良子さんが、親戚の職人さんも迎え、仲良く切り盛りした時代が長かった。晩年、両目が見えなくなった母と、長寿だった父の面倒もみた。誠さんは近頃あまり店に出なくなったけど、二十年余り前から甥っ子がしっかりとやってくれている——と、この六十年ばかりのことは、しゅるしゅるとそんなふうに。良子さんの手のひらに載せられ続けたインタビューとなった感が。でもこの店は、彼女のお人柄、歩みあっての佃煮屋さんだ。

店の中に入らせてもらった。

ぷーんと甘いお醤油のいい香りが充満していて、外観以上にしびれる。磨き抜かれたガラスケースの棚板。後ろから見ても円錐形の佃煮の盛り。「値打ちのあるものじゃないわよ」という九十六年使っている九谷焼ふうの大皿。足元には、大皿に移る順番を待つ佃煮各種が入った一斗缶。おそらく特段に意識されることなく積み上げられてきた機能美がここにある。頭上から「名代 佃煮」と金文字の入った船板看板が見守り、「ご近所に住んでらして、しょっちゅう買いに来てくださった」という立川談志、「よく買いに来てくださるの。いい男だわよ」の中尾彬らのサイン色紙も何枚か。

黒地に白の小紋のエプロンを着用した良子さんが、この日はパートの四十代の女性と二人でにこにこ客あしらいをする。

先日の私のように「百グラムだけでもいいですか」のお客には、「もちろんです」の後に「近頃は家族構成が小さくなっちゃったからね。何百グラムちょうだいという人のほうが少ないくらいですよ」と一言二言付け加え、どれにしようかと迷っている人には、

「葉唐辛子は、ピリッと大人の味ですよ」

「ハゼは真っ黒、醤油味なのにスッキリした甘さです」

「お多福（豆）は美人さんの顔でしょう?」

大きく、通る声だ。

どの客にも「御進物用ですか、ご自宅用ですか」と聞き、自宅用には簡素なビニール袋に入れて包装するが、あるときお客もパートの女性も私もプッと吹き出した。「自宅用です」と答えたお客に、良子

さんが「じゃあ、ハダカのままで。ストリップですみませんね。私たちはどっちでもいいけど、男性が喜ぶストリップでね」。そして、「ストリップ、ストリップ」と歌うように連呼したからだ。かわいい、のである。

「奥もご覧になって」と案内された厨房には、漆喰《しっくい》のかまどがでーんと据えられていた。厚み十センチはありそうなアルミ鋳造の羽釜が載っていて、とてもとても細かな飴色の泡が、二つの落とし石の間を縫って盛り上がり、ぐつぐつぐつぐつぐつ……。立ち上る香りまで飴色だった。甥の修さん（五十歳）がいらした。

「すご〜くいい香りががんがんしますね」と、私、思わず。

「そうですか」と修さん。

「かまど、すごいですね。結構強火なんですね」

「そうですか」

顔が怖い。滑ったとどきり。「（かまどの燃料は）昔はコークスでしたけど、今はガスよね」と良子さんが傍らから口を挟んでくれて、気まずさがふうっと溶ける。

ぐつぐつ煮炊き中なのは、良子さん曰く「お豆の王者」である「お多福豆」。午後三時半頃だったが、その日の朝から煮ている。仕上げの段階に入っており、水分がなくなり、豆が釜底に沈んだら終了だと修さんが訥々《とつとつ》と教えてくれた。「醤油はヒゲタとマルサ。砂糖はザラメの白」と使っている調味料を明かし、「季節と天気、湿度で（豆が含む）水分量が微妙に違うんですね」とも。数字より肌感覚のほうが勝る職人道だ。

修さんは、大学卒業後いったん一般企業に勤めたが、頭の隅っこに店のことがいつもあった。「他のことやっても仕方ないかなー」と思えてきて辞めて、二十七歳からここ。当時、作業を一手に担っていた叔父を師匠に鍛錬した。

「何度も何度も失敗して、まあまあ合格点になるまで五、六年。百点に近いのができ始めたのは三十代後半くらいだったかと思います」

「一つ、おつまみになって」と、良子さんが売り場から持ってきてくれた「お多福豆」をいただく。ふっくら。それでいてモチモチ。香り芳醇《ほうじゅん》。程よい甘さがじゅわ〜とあとを引く。お見事です。

ところで、このお多福豆って空豆の一種ですか？　と尋ねると、

「そうそう。大阪の河内産ですよ」と良子さん。「正式名は『河内一寸』ですね」と修さん。

あら〜。私の地元・大阪の伝統野菜だったのだ。数ある種類の中から選ばれ、東京にやって来ていたのね、と妙に愛おしくなるじゃない。

そして、私が頭に引っ張り出したのは、佃煮誕生以前の逸話だ。二十年も前だが、大阪市西淀川区を取材で歩き、在野の郷土史家から教えてもらった。あるとき、摂津国に徳川家康が来て、神崎川（現・大阪市の北辺）を渡る際の船渡御を、現・西淀川区佃の村の漁民たちが手伝った。お礼を言ってもいいものを家康は「漁業も大事だが、人は田で働け」と訓示した。そのために、にんべんに田の「佃」が、村の名前になった。その後、なんだかんだで、佃村の漁民たちは家康に懐柔されたと。

「腕利きの漁師たちよ、江戸へ来い」と幕府の命を受け、大坂・佃の漁師が江戸に集団移転させられたのは、十七世紀初めだ。隅田川河口を埋め立ててつくられた、彼らの居住地が現在の中央区の佃島。佃島の漁師たちが、豊富に獲れた小魚や貝を醤油で煮詰め、自分たちの常備食とした――。

　こうして約四百年前に誕生した江戸佃煮が、品を変え姿を変え、グレードアップしてきた。この店「中野屋」は、江戸佃煮約四百年の歴史の約四分の一を歩んできているのだ。

とてもとても香ばしい厨房で、「跡継ぎがいなくて、やめちゃった佃煮屋が多いけど、浅草にも三ノ輪にも続けて頑張ってらっしゃる、いいお店があるわよ」と良子さんがさりげなく業界を気遣った。

（２０１９・９）

横浜市鶴見区の「かなざき精肉店」と「魚作分店」

「いい肉は、手で触ったら感覚で分かるんですよ」

「もうめっちゃくちゃおいしいんですよー。こんなとこにマジであったんですか、みたいなシャッター商店街の奥なのに、どうよどうよというくらい」

と、ハラダさん（五十歳）が興奮気味に紹介してくれた。いつもは冷静沈着、理路整然とモノ言う編集者なのに。彼女は二年前に、京浜東北線鶴見駅から徒歩十五分のところへ引っ越した。夫さんとの二人暮らし。越して間もなくの休日にご近所散策をして、「かなざき精肉店」を見つけたのだという。

「ピンときちゃったんです。あ、この佇まい、もしやと。だって、変哲もない古い店なのに、なんとも言えないオーラ出してて、お客さんわりと来てるんですよー。で、買ってみたら大当たり。牛肉、豚肉、鶏肉、ぜ〜んぶ大当たりだったんですよー」。以来、スーパーでお肉を買えなくなり、駅から遠回りして、頻繁に買いに行っているとのこと。

「六十代くらいの男の人が二人でやってらっしゃるの。井上さん、絶対気にいるはず。私も付き合うので、騙されたと思って来てくださいよぉ」

そこまで言われて、行かない手はない。というわけで、十月のある日曜日、かなざき精肉店を目指した。

　鶴見駅に降りるのは初めて。京浜工業地帯の中心を担う工場地帯？　そんなイメージは、西口を出て、「TOYOOKA」のアーチのある商店街を歩くと、てんでそぐわない。今ひとつエリアの特徴を見出せないまま、五、六分。左手前方に「レアール　つくの」なるものが現れる。ハラダさんが言った「シャッター商店街」だ。

　見事に寂れている。茶舗、文具屋、パン屋、小ぶりのスーパーなどが点々と営業しているものの、閉めて長いですふうのシャッターが圧倒的に幅を利かせている。往来する人も数えるほどで、往時がまったく想像できないや。

　ハラダさんが待っていてくれたかなざき精肉店は、その商店街にも面さず、アーケードの隅に遠慮がちに掲げられた「グリーンストアー　八百七　精肉　鮮魚　惣菜　野菜　果実」との色あせた看板の奥に広がる小空間の中にあった。

「このグリーンストアーの中に、昔は八百屋さんも果物屋さんもお惣菜屋さんもあったんですって」とハラダさん。今は、がらんとしていて、あと一軒の魚屋さんのみ営業中だ。「テナント募集中」の張り紙が寂しそう。有線から流れてくる知床旅情、星影のワルツ、エメラルドの伝説など昭和歌謡が、はまり過ぎるほどはまっている。

　さて、かなざき精肉店。いくつものスポットライトが煌々《こうこう》と点《とも》り、三段の冷蔵ケースに並ぶ肉の数々を照らしていた。

　一番上の段が牛肉、中段が豚肉、下段が鶏肉。確かに――。おかしな言い方だが、とりわけ牛肉は色艶たいへん素晴らしく、「100グラム900円」すき焼き用など、惚れ惚れするようなサシが入っている。いや、切り落としまで霜降りっぽい。もちろん量り売り。

ハラダさんが、この「絶滅危惧個人商店」企画のことを先に伝えていてくれた。

「あの〜、おいしそうなお肉、何年くらいここでお店をしてらっしゃるんですか」

「四十年ほどですね」

「作業場に牛がぶら下がってるんですか」

「いや、枝肉で入ってきますよ」

目がクリクリした金崎富士男さん（六十一歳）が愛想よく応じてくれるも、なあんだ四十年か、枝肉からか、とちょっと思った自分を十分後には恥じることになる。

「いつ頃までだったか。この商店街ね、長崎屋（スーパー）も三和銀行もあって、人、人、人。とてもまっすぐ歩けないほど朝から晩まで賑わってたんですよ。だからこのグリーンストアーにも、四六時中、商店街から押し出されるようにお客さんが入ってきて……。こんなことになるとは思いもしなかったけど、付近の大きい会社が海の方へ移転してしまったから仕方ないよねー」

「バブルの頃は高いものから売れたけど、今は正反対。安いものから売れるようになっちゃったからねー」

そんなにも激変に耐え、場所も業態も変えることなく、生き抜いてこられたのだとひしひしと伝わってきたからだ。しかも、週に一日、水曜の定休日以外は、朝から深夜まで働きっぱなしで。

「この間、カレー用のお肉を買おうとしたら、『どれくらいの時間、煮込むの？』って聞かれたんですね。『二時間くらい』と言ったら、『分かった。じゃあそれ用のにするね』って。同じカレー肉でも、調理時間を考えて包んでくださるの。そんなお肉屋さん、他にありますう？」と言うハラダさんに、「ないないないない」と私。

富士男さんがにこにこして、「だって、最初からやわらかいお肉がいいか、じっくり煮込んでやわらかくなるお肉がいいか。いろいろだからね」。

たかがカレー肉、されどカレー肉。見上げたものだ。

ちょうどそのとき、若鶏のモモ肉を年配女性が買いに来て、「焼くの？」と富士男さん。

「そう」

「味、つけとくね」

ケースから取り出した一枚を俎板《まないた》に載せ、一口大に斜め切りした。ささっと塩と胡椒をかけ、白ワインをひと振り、なじませる。「こうしといたら、（お客さんは）家で焼くだけだから」と私たちに。白ワインなのは、「赤ワインだと色が汚くなっちゃうからね」と。至れり尽くせりである。

「それに、あそこに並んでるお惣菜」とハラダさんが陳列ケースの左手に並んでいるコロッケやハンバーグ、カツ、肉団子などを指して、「あれ全部、一から手作りで、デパ地下なんて目じゃないお味なんですよ」と、誇らしそうに言う。

きょうだいで切り盛りしておられる。後ろで黙々と肉をさばいていた兄の久雄さんが手を止め、「これ、食べてみて」と、薄い白紙に挟んで、スライスした焼き豚を一枚くださる。いただいて、

「ほ〜」

唸った。醤油もスープも存分に封じ込められていて、コクがあるとはこのことだ。おそろしく美味しい。これ、どうやってお作りになってるんですか？

「前の日に塩胡椒して、一晩寝かして、焼いてタレに漬け込んで、（油で）揚げて、出来上がりだよ」

のタレが、まるで鰻屋のように、創業以来、焼く時に出る旨味を継ぎ足し、継ぎ足ししたもの。ニンニク、生姜、リンゴ汁などを加えて、だそうで、たった一品にも手間暇ずいぶんかけていらっしゃる。参

23 「かなざき精肉店」と「魚作分店」

ったなあ。

話がそれた。それより何より、肉そのものがそもそも上質なのである。「ほら、あすこに貼ってるでしょ」と富士男さん。

店頭に、「当店の牛肉、豚肉、とり肉すべて国産です」と記した紙。こと牛肉については、「黒毛和種和牛　肩ロース　長崎県産」「黒毛和種　和牛　シャクシ　山形県産」などと、この日売っているものの素性をまとめてステッカー表示。和牛しか扱わないそうだ。

「A5ランクとA4ランクで勝負してる。いい肉は、手で触ったら感覚で分かるんですよ」

かっこいい、と思った。

「じゃあ、私は用があるのでこれで」とハラダさんが去った後、富士男さんにねばらせてもらった。


ごきょうだいは、新潟県十日町の出身だという。

「イヤんなっちゃうよ、雪。あの頃、四、五メートル積もってたからね。雪おろしして、至るところ、（雪の）壁だよ、壁。一階が閉ざされて、二階から出入りだよ」

高校を卒業して脱出した先が、神奈川県藤沢の肉屋さん。十一歳上の久雄さんが、縁あってひと足もふた足も前に勤めていたので「来ねーか」となったのだという。

「何かになりたいとか、そんなの十八やそこらでなかったからね」

なのに、一生の仕事になったのはなぜでしょう？

「……………」

富士男さんは首を傾げた。

藤沢の肉屋さんは大きな店で、十人ほどの住み込み従業員の一人となった。手取り足取りではなく、

「先輩の背中を見て」的な職人道。

「一年目はハム、ソーセージを触らせてもらって、二年目に豚、三年目にやっと牛」だったとか。「牛の解体ってどんなふうに？」と聞いた私は大いに滑ったようで、「口で説明できるもんじゃないよ」と顔に書いてある。だから、方向を変えて、「牛って、何キロくらいあるんですか？」と聞いてみる。

「一頭、四百キロ以上だね。カタだけでも段ボール三箱。専門用語で言うと、ブリスケ（前脚の付け根部分の胸肉。肩バラ）とシャクシ（肩から前脚上部にかけて）、肩ロース（背側）の三分割で。藤沢のときの卸屋さんが今もだから、長い付き合いで、うちの好みを分かってくれてるの。芝浦（の食肉市場）の小川畜産。卸屋、他の卸会社からいっぱい売り込みにくるけど、小川畜産と取引しているって言うと、来なくなる。ナンバーワンのところだからね。うちの肉、（浅草の老舗すき焼き店の）今半さんに入ってるのと同じですよ」

一人前になると、親方が保証人になってくれる。やがて一九七九年に、久雄さんがこの店を先輩の紹介で見つけて独立した。富士男さんは藤沢の店で七年間の修業を終えてから二年遅れでやって来たのだという。折しも、バブルに向かう頃。先ほど聞いた、商店街が人であふれ、「まっすぐ歩けなかった」時期だ。

「せわしなかった。グラム八百円から千円のから売れていって、一日四十万円売り上げてたもんね。今の主流は五百二十円から六百円だけどねえ」

世の中、もうブランド牛、ブランド牛って言ってました？

「そうね。何々牛って全国にいっぱいあるけど、同じランクなら、どんなプロが食べても、その違いは分からないと思いますよ。牛の良い悪いは遺伝子。持って生まれてきた質だろうね。どこでどんな餌をやって育てても、遺伝子にかなわないから、味はブランドの差じゃないね。いいブランド牛は、種牛の精子を冷凍保存しておくのに、億のお金かけてるそうですよ」

ほ〜、である。


調理場に入らせてもらう。久雄さんが、大きな枝肉の内側を開き、使い込んだ包丁を押すでも引くでもなく、すっと表面に沿わせるような感じで、黙々とスジ切りしておられた。

「さっき、手で触った感覚でお肉が分かると聞きましたけど、いいお肉の感触って？」と富士男さんに投げかけると、冷蔵ケースからステーキ肉を取り出し、「こうやって触ってね〜」と親指と人差し指と手のひらで触れ、愛おしい子を見るような目になった。ややして、

「説明するのムリだなー」

「しっとりした感触のがいいとか？」と私、しつこく。

「いや〜、ちょっと違うなー。簡単に言えば、お水が出ているお肉はダメってことよ。乾いているお肉は水が出てくる……。牛を見るの、これで一人前ってないのよ。一生、勉強。割ってみると、中が（想定していた水準と）違うとか、今になっても分からないことあるね、生きものだから」

言語化不可能なことを聞こうとしてごめんなさいであり、「本物の人」はさすがだなあである。いつぞや取材した高級肉店では、ゴム手袋着用だったけど、あれってどうだったのよ、とも。

かなざき精肉店が拠って立つ、こうした「肉哲学」が、ハラダさん曰く「なんとも言えないオーラ」につながっていると踏んだ。

夕方になった。十九時の閉店時間が過ぎ、外の電気が消され、片づけが始まる。お疲れさまでした――と思いきや、

「いや、これからなんですよ」

と富士男さんが言う。え？　これから？

近隣の、なんと十四もの保育園から、給食用の肉の納品を頼まれている。今からその準備にかかるのだという。

「うちを気に入ってくれたお客さんに、園長先生がいたのが最初で、口コミで増えてきちゃったの。もう、これ以上増やせない状態」と、嬉しい悲鳴なのだった。

「ファックスで届くのね。こんなふうに」

一か所からの注文書を見せてもらうと、

〈豚モモ　スライス（1cmカット）3、9kg
トリ　モモ肉（4cmカット）4、3kg
牛赤身　1kg・150g・カット〉

と、走り書きされている。こういった注文が、十四か所それぞれから届いていたのだ。

「(食べるのが）子どもだから、小さくカットしてあげなきゃいけなくてさ」

すべての作業が終わると、日付が変わっていることもしばしばだそう。しかし、翌朝八時には、バイクで十四か所の保育園を回って、納品に行く仕事が待っているのだ。

ふ〜、と小さなため息を聞いたような気がしたが、私の幻聴かもしれない。富士男さんはにこにこしながら、注文書を手に枝肉を取り出しに、冷蔵庫へ向かった。

かなざき精肉店の隣の「魚作分店」にも、後日、お邪魔した。

「そうね、ほぼ四十年になるねえ。金崎さんも言ってただろうけど、景気よかった頃の商店街、ほんとすごかったんだよ。うち、年末の三日間で五百万円売り上げたし、グアムへ社員旅行に行ったこともあったんだけど、遠い昔だな……。だんだんとこれからもっともっと厳しくなっていくんじゃないの」

店主の大橋保さん（七十三歳）が、開口一番、そうおっしゃる。とはいえ、この店も、かなざき精肉店に負けず劣らずのオーラあり。

店名を付した分厚い一枚板の看板、木彫りの大黒様、黒い招き猫、信楽のタヌキといった古めかしい調度も、魚介をひきたてる立役者だ。この日は、ふくふくたるホタテ、宝石のようなチリメンをはじめ、宮城産カレイ、島根産シジミ、ノルウェー産サーモンなどがずらり。それはそれは立派な姿かたちをしたサンマも、堂々並んでいて、目が釘付けになる。値は「５００円」だったが。

「サンマ？　これだけ身厚なの、なかなかないでしょ？　今日は、お一人に、お使い物にしたいから、これと同じレベルのサンマを一箱丸ごと地方発送してほしいって、頼まれたんですよ」と、声が弾み、こちらまで嬉しくなる。

近年は、「お得意さん」相手の商売だという。

「だってさ、川の流れと同じじゃん」

お、「じゃん」ときたか。横浜地元っ子だな。と、それは置いておいて、「川の流れって？」と尋ねる。

「表通りに面してたら、通りすがりの人も立ち止まるけど、ここにはふりの人（一見《いちげん》さん）、入ってこないからね。ごくたまに入ってきても、気に入らなかったら、すぐに流れていくわけよ、川の流れのように。そして、二度とない（来ない）わけよ」

なかなかの比喩だ。だから、うちでは、入ってきたお客が「川の流れ」にならないように、引きつけ、満足させる商品を売っているのよとの自信の逆説だ、きっと。

魚屋としては二世代目。この店が「分店」なのは、実家の店を長兄が継ぎ、「本店」としたからだが、その本店はもうクローズしたという。

――グレードの高いものを売ってらっしゃいますよね？

「景気よかったとき、近くにほかの魚屋が何軒もあったから、差別化するために、水槽を置いて、酸素を入れて、生きてる伊勢エビやタイを入れる『水槽バブル』をやったの。高級路線は、あれからだねえ。こっちも年とったけど、お得意さんも年をとったわけですよ。いいものを少しほしいと、そうなるわけですよ」

――とすると、仕入れは、お得意さん個々人の顔を思い出しながら？

「ま、そうだね。何十年もかかってつくってきたお得意さんだからね。毎朝四時半に起きて、幸市場（川崎南部市場）へ仕入れに行ってますよ。七時に店に入って、一時間半から二時間てんてこ舞いして、九時頃には販売体制に入る」

――魚屋さんも、キツい仕事ですね。

「立ちっぱなしだからね。しょっちゅう氷水に手をつけるから、指、こんなになるし」

見せられてびっくり。腫れている。しかも、血の気が失せた蠟のような指だった。毛細血管がやられちゃってるのか、「切っても、血が出ないんですよ」と。

「七十過ぎてから、そろそろ潮時かなあと思うことあるよ。でも、私ら自営業の年金は安いしね……。ちょっと賑わうと、もうちょっと頑張ろうとか、お兄ちゃんに後を継がせてもいいかなとか、心が揺れる」

――お兄ちゃんって？

「甥っ子。高校生のときに両親が亡くなって、うちで引き取ったから、息子のようなものなんだ。イケメンだよ（笑）。三年前まで、ここにいたんだけど、だんだんとアレで、今、世田谷のスーパーの魚売り場に勤めてるの。でも、毎週木曜日はここに来て、配達をしてくれるの」

――配達って？

「歩くのキツくなったお得意さんに配達してあげてるの。注文の電話かけてくる人もいるし、こっちから『いいサンマが入るので、いかがですか』みたいな営業の電話もかけるし。刺身にサーモンに牡蠣にサンマに……って、一万円ほど頼んでくれる人も結構いて、助かってますよ」

なるほど、見えないところにお得意さんもお兄ちゃんもいる「魚作分店」さんだと分かった。

「お得意さんちが世代交代して、若い人が買い物するようになるじゃん。そしたら、このご時世、カード払いでポイント貯めて、ってなるじゃん。うちもかなざきさんも、コンピュータできないし、そういうのに投資する体力ないものね」

大橋さんとあれこれ話した中で、そう聞いたことが、あとあと思い出されてならない。

（２０１９・10）

千代田区神田の豆腐店「越後屋」

「やめようと思ったこと、一度もなかったけど」

考えてみたら、神田駅は東京駅から一駅ぽっきりだ。小ぶりの飲食店がゴチャッと密集し、オフィスビルと共存しているな、と神田駅の周辺を見回し、西口から北西方向へ延びる多町《たちょう》大通りへととる。二分も歩くと、豆腐の「越後屋」がある。

近くに二十二年前から二年前まで友人の事務所があり、そこは行くたび「よくぞご無事で」と声をかけたくなる戦前の木造ビルの中だった。この界隈には、そうとう古い建物がぽちぽちと残っていると気づいてはいたが、越後屋もそうだ。二〇二〇年三月三十日に訪問した。

間口一・五間、木造二階建て（一部三階建て）。見上げると、正面がいい具合に褪せた緑色の銅板である。突き出て、シュッとした欄干が備わっている。こういう建物を「銅板貼りの看板建築」というそうだ。銅は火に強い。関東大震災のあと、防火の重要性から盛んに店屋に用いられた様式だと学習してきた。だから、店頭にいらしたご主人――石川義昭さん（七十七歳）に、挨拶もそこそこに「すご〜く長く営業されてるんですよね」と話を向ける。

「百年ほどね」

と、長い年月を短くさらり。パープルのウインドブレーカーから、グレーのパーカーのフードを出していらっしゃる。おしゃれな人だ。

「この建物？　祖父の時代に大震災でぶっ潰れちゃって、一年くらいで建てたんですね。戦災は大丈夫だったんですよ」

スラスラと答えてくれるのは、私と同じことを聞く人が多いからだろうか。

「空襲で、この道（多町大通り）の向こう側までは焼け野原になっちゃったの。だけど、こっち側が焼けなかったのは、そこのカシラの婆さんのおかげなんです。聞いた話だけど」

「はい？」

「分かるかな、焼夷弾って」

「ええ」

「僕はまだ一歳か二歳だし、母の田舎の埼玉に疎開していたから見たわけじゃないけど、こっち側に焼夷弾が落ちると、カシラの婆さんがさっと拾って、表へさっと投げたんだって。おかげで、こっち側は焼けなかったんだって」

は？　焼夷弾って拾えるもの？　なんだかよく分からないが、肝の据わった「カシラの婆さん」がご近所にいて尽力してくれたために、焼けなかったということのよう。

「カシラって、大工さんの？」

「違う違う、鳶《とび》の一番偉い人。そこの路地に、ほら、家あるでしょ。住んでらっしゃる。あすこも焼けなかったから」

そうこうするうちに、店の前に白い車が停まり、降りてきた堂々たる体躯の男性が、「そこ、まだ空かないかな」と石川さんに。三軒隣の「業務スーパー」に納品にきたトラックが、パーキングメーターのスペースに停まっているのを指して言うと、「いいよ。キー預かっとくよ。パーキングメーターが空いたら、（あなたの車を動かして）停めとくよ」。石川さん、なんて親切なんだろう。そして私にも、「この人、今言ってた鳶頭《かしら》だよ。家についてって、纏《まとい》を見せてもらいな。ちゃんと『ありがとうございました』ってお礼言ってくるんだよ」

あれよあれよと言う間にそういう成り行きになって、鳶頭のお宅にお邪魔する。玄関を入った、三和土《たたき》のところに立ててあった、立派な纏を拝見させていただいた。細長い房飾りがずらりと上部から垂れ下がっていて、これを振り回すとすごい迫力だろう。「よ組」とあったので、さくっとスマホで調べる。

大岡越前守が一七二〇年（享保五）に組織させた江戸の町火消し「いろは四十八組」。その「一番組」に、神田の「よ組」があり、人足数が七百二十人（享保七年）。四十八組の中で、最大の勢力を誇った……。

「今も、出初式や五月の慰霊祭（江戸消防慰霊祭）に出るよ」と言う鳶頭さんに、どう引き継がれてきたんですかとか聞きたかったが、次々と門下の鳶職人さんが集まってこられる。まもなく定例の会議が始まるとのことで、さすがに遠慮した。三百年にわたって継がれてきたスペシャルな火消しの纏を目に焼き付け、神田こそ、ちゃきちゃきの江戸っ子の町だとしっかり認識して越後屋へ戻り、改めて銅板貼りの看板建築を眺める。

あら？　一階と二階の間の中央に「後」という文字板が一つだけくっついている。

「『越後屋』って三文字のうち、この間の東北の震災のときに、『越』と『屋』が取れちゃったの。ま、いいかって、そのままにしてる」と石川さんがおっしゃる。ほ～。「もともと越後のご出身なので『越後屋』なんですか」には、「いや、祖父は神奈川の出だし、なんでうちが越後屋って名前なのか分からないんだ。東京の豆腐屋に多い屋号だよね」とも。細かなことなど気にしないのが江戸っ子気質なのかな。

「それより、ほら、これ」

と、石川さんがカップに入れた豆乳を出してくれた。

口をつけて、たまげた。まるで生クリームのようにクリーミーで、甘い。豆のふっくらした香りが立っている。私は元より豆乳好きで、スーパーでパックの豆乳を買って常飲しているが、あれとは全くの別物だ。「めちゃくちゃおいしいです」に、「だろ？」と石川さん、にっこり。

発泡スチロールの容器に、緑の点々が混じった豆腐も入れてくれ、「これこれ」と指した看板が面白い。海辺の緑の生簀《いけす》をバックに、サングラスをかけ、ちょっと怪しい石川さんが佇《たたず》む写真に、ユニークなコピーが二つ。

〈あおさで　コロナを　ぶっ飛ばそう〉

〈なんとなく　身体に良さそう　みどり色〉

「あおさ豆腐」なるものという。

「有楽町にある長崎県平戸市のアンテナショップで、乾燥したあおさを買って十年前から作ってたんだけど、コロナに効くという噂らしいんだ。エビデンス？　分かんない。でも、こういう書き方だったら問題ないでしょ？」

「もちろんもちろん。どこにも『効く』って書いてないですもんね」

「その五七五、友だちが考えてくれたんだ」

いただいて、これまたびっくりした。すご〜く滑らかで、口当たり最高。磯の香りが口いっぱいに広がった。うん、確かになんとなく体によいような……。「豆腐」じゃなく「お豆腐」と書きたい、とっても優美な味だった。

35　豆腐店「越後屋」

「それがさー。コロナに効くと言われてから、平戸の店のあおさが売り切れて、もう手に入らなくなってるの。今日はなんとかあるけど、しばらく作れなくなりそうでねー」

気負いがなさそうな口調。どちらかというと飄々と。石川さんの接してくれ方が、私は好き。

「これも食べる?」

さらに「バケツ豆腐」との名前の豆腐をいただくと、これが、かなりかなり濃厚で、甘い。濃い豆乳だけを使って工夫した人気商品だそうだ。今はタッパーだが、開発した十年ほど前はバケツの中で固めていたから、このネーミングが続いているそう。

そんなこんなの立ち話をし、試食させてもらっている間にも、ダックスフントを連れたご近所女性が「豆腐一つと薄揚げ」、七〇年代の若者のようにサイケデリックな出で立ちの女性が「焼き豆腐、一つください」とやって来る。「咲いたわね〜」と、店頭の植木鉢代わりのポリ容器に真っ赤な花をつけたチューリップに目を細めるご年輩女性もいる。

ここが都心だということを忘れそう……と思ったが、スーツにネクタイの男性が、豆乳を買い、横の路地でがぶっと飲み干していく。「昨日買ったバケツ豆腐」の容器を返しに来た男性も近くの会社に勤めるサラリーマン。「自宅は川口(埼玉県)なんだけど、もう他の豆腐を食べられなくなっちゃって」と笑った。

「昔、親父に『機械を入れたほうがいいんじゃない』と言ったら『ダメだ。甘みがでない』と言われたねー。うちはずうっと手作り。親父から教わったとおりにやってるの。新しいモノも作りながらね」

と、石川さん。辺りは、バブルの時期に、古くからの建物が消え、ビルに建て替わった。でも、そのビルの最上階などを住まいにしている人たちも少なくない。近年、マンションも建てられ、新住民も増えてきた。だが、店での販売よりも飲食店からの注文のほうが多いとか。地元・神田はもとより、御徒町、日本橋、神保町、八重洲などの四、五十軒の料理屋、居酒屋に配達しているとのことだ。

「しかし、バブルのとき、地上げ攻撃すごかったのでは？」と聞くと、「そりゃあもう」と。

「うち、約二十三坪なんだけど、最初五億から始まって、七億、十億、十五億。二十億近くまでいったよ」

――札束振りかざして、地上げ屋が来て？

「まあ、そんな感じ」

「二十億ならきょうだい三人で分けても一人七億近いでしょ。人間だから、心揺さぶられましたよー」

――でも、売らなかったのはなぜ？

「神田が好きだから」と、きっぱり。「いい町なのよ。助け合いが残っていて」。

助け合い？　に反応した私に、「あら、また取材受けてるのね」という顔つきで、ちょうど傍らにきた妻の洋子さんが、

「留守するとき、鍵を預かりあったりするんですよ、ご近所同士で。すっごい田舎の町みたいでしょ」と笑った。

「儲からないけど、豆腐屋を続けてきたおかげで、こうやってあなたも来てくれる。タモリさんも有吉くんも、『じゅん散歩』の高田純次さんも来てくれたしね」と石川さん。

京都の鰻の寝床のように奥が長い昔ながらの店内に、年季の入っていそうな鍋や釜。頑丈そうなステンレスの水槽。壁に、テレビ取材のときの写真がペタペタと貼られてもいた。

創業は明治後期。この辺りには、江戸時代から続く「やっちゃ場」こと青物市場があったため、石川さんの祖父、重男さんが地の利を生かそうと、ここに店を開いたのだという。

「いつの発行のものだか分かんないんだけど、近所の人がこの新聞を見つけてきてくれてねー」と、石川さんがよれよれになった古い新聞のコピーを見せてくれた。

〈豆腐屋の大競争〉と見出し。〈神田区今川小路にて湯屋をして居た西島清一（同区多町二の一）に豆腐屋を始めんとて……〉と旧字体での記事が続く。こういう内容だった。

西島清一が豆腐屋を開こうとしているのは、昔からある石川重男の豆腐屋と十四、五間（約二十五〜二十七メートル）しか離れていない場所だ。組合規約で、新規に豆腐屋を始めるには、既存の豆腐屋から二丁（約二百二十メートル）四方離れた場所でないといけないと決まっているが、西島は組合員ではない。諍《いさか》いになった。石川が「あなたが開業するために揃えた材木や道具などの料金として二百円払うので、よそへ行って」と主張すると、西島は「だめだ、六百円くれ」、翌々日には「三百十円にまける」と言った。すると、石川は「豆腐道具だけ八十円で買う」。おでん屋が仲裁に入ったが、嚙み合わなかった。本所組合、日本橋組合も石川に加勢しようとする。自分が不利と悟った西島が「加入金三十円を払い、組合員になる」と動くが、組合ははねつけた……。

つまり、「豆腐屋の大競争」は、先住の豆腐屋、石川重男さんが勝利したと報じられているのだ。同じ紙面の他の記事から、おそらく明治四十二、三年のことだと察せられる。豆腐屋の設置に、まるで煙草屋のように距離規制があったというのが、私には意外だ。当時、豆腐は食の基幹。逆に言うと、ほぼ二百二十メートルごとに豆腐屋があったということか。

「僕の子どもの頃でも、この辺に十軒以上豆腐屋があった記憶がありますよ。他の豆腐屋、ラッパを吹いて売りに来たし」と石川さん。近辺には、魚屋、肉屋、八百屋が何軒も。畳屋や染物屋も並び、飴細工の引き売りもやって来た。子どももあふれ、小学校は一学年に六百人いた。やっちゃ場は昭和の初めに秋葉原へ移ったが、仲買人も大勢住んでいた。生活の匂いそのものの町だったと述懐する。

石川さんは、十八歳上の兄と十二歳上の姉がいる末っ子。兄は大きな会社の勤め人になったし、姉は嫁いだ。一九六六（昭和四十一）年頃に二十三歳で店を継いだのは「ごく自然」だったとのことだが、市井の豆腐屋といって私の頭をよぎるのは、松下竜一著の『豆腐屋の四季』だ。承知のとおり、九州の大分の小さな町で、零細な家業の豆腐屋を継ぎ、夜中の〇時に起きて、豆腐づくりをする辛い日々を短歌とエッセイで綴った名作である。ずいぶん前に読んだが、この本で、豆腐屋というのはとてもキツい仕事だと思ったものだ。母が亡くなり、父が老い、きょうだいたちが食い詰め……という、この著者個人の境遇を差し引いても、大変な生業ではないだろうかと。ところが、石川さんは、だいぶ違う。

「大学時代に遊びまくったから、遊ぶのはもういいかなと（笑）」

神田の三代目は「お坊ちゃん」である。

ちなみに、「（バブル時に）店を手放さなかったのは、大金を持ったら、パッパパッパと使っちゃうほうだから」とも、しゃらっと。「ご趣味は？」に、「麻雀と競馬」と即答。

「親父と一緒に仕事したのは、十年か二十年ほどだったか。厳しかったけど、優しい人でした。豆にすごくこだわり、美味しいものを作るために決して手をぬかない。井戸水を使っていて、涸れては掘る、涸れては掘るを繰り返していたなー。僕の代になって少ししてから、完全に涸れて水道を使うようになったけど、それ以外は何も変わってないね」

毎朝六時から作るとおっしゃる。作る工程を見せてほしいと頼むと、「ああ、いいよ」と軽くＯＫしてくれ、私は翌三月三十一日の六時に再訪した。

ところが、なかなか店が開かない。じっと待つ。二十五分経って、ようやく灯りが点り、扉が開いた。石川さんの第一声は「寝坊しちゃった」だったが、それにはわけがあった。

「見て、これ」

配達している飲食店から、前日の夜に注文が入る。その数を記したメモ書きだった。「こんなこと初めて。五十何年やってて初めてだ」と、悲痛な声。注文数が軒並みゼロだったのだ。一軒だけ「焼き豆腐8」だったが、「そこは、いつも毎日四、五十個の注文があるすき焼き屋さん」とのこと。

――前夜、小池百合子都知事が、コロナウイルスの感染拡大を受けて、「接客を伴う飲食の場で感染を疑う事例が多発している」として、夜間外出自粛の要請を強化した。若者は「カラオケやライブハウス」、中高年は「バーやナイトクラブ」と対象の飲食店の例を示し、「3密（密閉空間・密集場所・密接場面）」が危険と強調した――

客が飲食店の予約をキャンセルし、飲食店が豆腐の仕入れを止めたわけで、「こればかりは、どうしようもない……」。

「八個なら、昨日の残りで間に合う」と、力なき声が吐かれた。その日に作ってその日に売り切るのが鉄則。売れ残ったら捨てていると昨日聞いたが、背に腹は替られない気持ちは痛いほど分かる。と思った直後だった。

「うん、でもやっぱり」と石川さんがひとりごちた。破棄するものが大量に出ること覚悟の上で作り、取引先に「今日の豆腐」を届けようと決断したのだ。

瞬時にして、店内の空気が変わり、はりつめた。

一昼夜、水に浸漬させていた大豆を、水をちょろちょろ流す電動の石臼機に力いっぱい入れる。石臼がゴォ～と音を立てて回り、すり潰《つぶ》され、もこもこした豆が、強烈な香りを立てて出てきた。

その奥では、ガス窯に火がつけられ、人ひとり入れるほどの大きさの大釜に湯が沸いている。そこへ石川さんは、すり潰された豆を柄杓でそろりそろりと回し入れていく。そして、櫂《かい》と呼ぶ木製の大きなしゃもじに持ち替え、「の」の字を描くようにゆるりと回しながら煮る。もうもうと湯気が上がる中、あれもこれも職人仕事だ。話しかけるのが憚られる気迫。

四十分ほどして煮上がると、石川さんは「よっ」とも「おっ」ともつかない独特の大声を上げて気合を入れ、頭の上の棚に収納してあった鉄の大きな容器を下ろす。大釜からポンプで吸い上げられた豆が、搾り機を通って出てくる。それを布で濾して、おからと豆乳に分けられる。

できたてほやほやの豆乳を飲ませてもらった。ひえ〜。この濃度、どうよ。昨日美味しさに驚いた午後の豆乳の、百倍くらい美味しい。「ものすごいです」と言うと、職人・石川さんが、飄々・石川さんに変わって、

「一番搾りだからね（笑）」

その後、豆乳を角型のケースの中へ流し込む。「室戸の深層水のにがり」を混ぜて固めたものを一度分離させて、再び固める。重石が載せられ、水分が排出されると、木綿豆腐の出来上がりである。片や、濃い豆乳だけににがりを加えて、そのまま固めると絹ごし豆腐も出来上がる。そして、冷水の容器に移し、包丁で切り分けられた。

冷たい、熱い、冷たい……を繰り返す工程だ。「一番、難しい工程は？」と聞くと「全部だよ、全部難しいよ」といなされた。

「絶対に国産の豆しか使わない。ここんとこは、北海道の『鶴娘』ね。今、ツルツルしている豆腐が多いでしょ？　あれは、スマシ粉を使っているから。うちは使わない。焼き豆腐も、バーナーではなく、七輪で炭で焼いているんだ」

自負、点々。その後、石川さんがこう言った。

「スーパーじゃ三十円か四十円で売っているのに、百七十円もするうちの豆腐を買いにきてくれんだか

ら、ありがたいよ」

「やめようと思ったこと、一度もなかったけど、これから先、コロナどうなるの？　これから先、全然見えなくなっちゃった」

私は今回、取材のタイミングが合わずにほとんど会えなかったが、石川さんの二男、賢治さん（三十四歳）が四代目。共に踏んばって妙案を考えてください。コロナ禍を乗り越えてください。老舗豆腐店の心意気で。

（２０２０・３）

大田区梅屋敷の青果店「レ・アル　かきぬま」

「父には死ぬまで働いてもらいますよ」

きれいな名前だなあ、と梅屋敷駅を降りた。品川から十五分ほどの京急の駅。大森町駅の次、京急蒲田駅の手前だ。先に、地名の元をちょっと見に行こうと、交通量の多い第一京浜国道を少し歩いて梅屋敷公園というところに寄ると、本当に梅の木々が茂っていた。

なになに。文政年間（一八一八～一八三〇）のはじめ、この辺りの薬屋、久三郎さんが三千坪の庭に梅の名木を集め、東海道を往来する人たちに向けて茶屋を開いた。「梅屋敷」として有名になり、広重の浮世絵にもなった。明治になると、天皇が九回も行幸に来てずいぶん気に入り、小梅一株を「お手植え」した。というヒストリーがあって、梅林が保存されている——。要約するとそう記した説明板が立っている。なるほど、かつてここは梅見の人たちがやってくる名所だったのか。樹齢を重ねているらしき木々から緑の補給をして、さて、「ぷらもーる梅屋敷」という商店街へと歩を進めよう。「ぷらもーる」の「ぷら」は、プラム（梅）にちなんでいるとピンときた。

今日の目的の店は、「ものすごく安い」と、近くに住む知人が絶賛する八百屋さん「レ・アル　かきぬま」だ。フランス語の冠がついている妙はさておき、洋品店、とんかつ販売店、百円均一ショップな

どを覗きながら商店街を歩いていくと、すぐに分かった。スイカ模様の日よけテントを張り出した間口十メートルほどもの店先に、赤いトマト、白いネギ、緑の三度豆、オレンジのパプリカなど色の配分よく、とりどりの野菜がてんこ盛りで、猛烈に安い値札がつき、「やわらかくて甘い江戸川小松菜二百円、本日一押しトマト四つ二百円……大安売り」とエンドレステープが回る声が外まで聞こえてきたからだ。店員さんたちも「はい、今日は大根が安いよ」「ハイ、新玉ねぎ、大安売り」などと連呼しながら棚を整えたりしていて、ずいぶん賑やかだ。午後三時という中途半端な時間なのに、次から次にお客さんがやって来ている。

店内をぐるっと回る。目に飛び込んだ品のポップを列挙すると、

〈極上品　水菜　68円〉
〈激安　レタス　58円〉
〈極上品　甘みの強い温室ほうれん草　70円〉
〈本日の特売品　玉ねぎ　１００円〉（筆者注・大五個）
〈果物特盛　１０００円〉（筆者注・デラウェア、メロン、いちご）

野菜は、私がいつも買うスーパーの半額以下、果物は三分の一以下だな、と思う。安かろう、悪かろうのものでないことは一目瞭然で、どれもこれももちろんフレッシュ。店の奥のほうに、十五センチ大のパックに入った惣菜の販売コーナーがあり、根菜煮、新玉ねぎのポテサラ、フキの炊き物、豆入りひじきなどが一律二百円。三台あるレジに、満杯のかごを手にしたお客五人が並んでいた。

店頭の左手が、一面黄色い。柑橘類が山をなしているのだ。その前で路上にしゃがみ、作業する年配男性の姿があった。卸売市場の売買人であることを示すキャップ帽をかぶり、白ポロシャツに黒いズボン、サスペンダーの装い。立派な体軀のよう。段ボール箱から、みかんのような柑橘をザルに移し替え、

「糖度が高くてトロピカル　幻のオレンジ　カラマンダリン　一山300円＋税」とのポップのところに並べていっている。「地中海のみかんだよ。しっとりしていて、うまいよ。最高だよ。食べてみて」とお客に話しかけながら。

試食用のカットがお皿にたんまり置かれてもいる。足を止めたお客たちが「もらうわね」と口に入れ、

「わ、ほんと甘いね」

「あら、美味しい」

私も味見した。濃密な甘さでとてもジューシー。しかも、みかんと同じくらい皮が柔らかく、剝きやすかった。

「普通は六百円くらいだけど、今日はたまたま安く値切って買ってきたからさ。三百円ね、今日だけだよ」と男性。「（ザルに）幾つ入ってるの？」と聞くおばあさんに「十個。もっとも今日食べるんだったら、こっちで十分だよ」と、皮の一部が傷んだものが混じった一山百円のザルを指す。

試食したお客の八割以上が、一山三百円もしくは百円のカラマンダリンを買う（もちろん私も）から、男性はしゃがみこんだり、中腰になったりしながら「ザル盛り」（と言うと後に知った）を続ける。

「いいや、愛媛。おしりを上に盛ると、旨みが上から下にいって、どんどん美味しくなるの。科学的根拠あるんだ」

「輸入品なの？　後ろ向きに盛ってるね」と言った中年女性客に、男性はにこにこしてそう答えた。

この年配男性は、「レ・アル　かきぬま」社長の柿沼道之助さん（七十八歳）だった。

「今日はたまたまカラマンダリンね。そのときそのとき、いろんなモノのところへ入るよ」。社長自ら店頭にしゃがみ込み作業をする姿はスタッフさんたちの働きぶりに大きく影響している模様で、みなさん、キビキビ。手押し車を引いたおばあさんが、大儀そうに手を伸ばそうとしたとき、若い女性スタッ

フが飛んできて、四つ三百円のリンゴを取って渡し、「ここでお代金いただきましょうか」。おばあさんのレジまでの往復歩行を肩代わりしてあげる光景にもうれしくなった。


「何もかもびっくりの安さですね」と言うと、柿沼社長は「(近くに)オーケーストアもライフもマルエツも。スーパーが七軒あって、激戦区だからね。負けてらんないからね」とにっこり。

「なんでこんなに安くできるんですか」

「(仕入れの)市場で顔が利くから」

「特別なルートとか、あるんですか」

「(市場で)仲良くしてたら人情できるから。たくさん買うしね」

「どちらの市場で?」

「大田市場。平成元年五月六日に大田市場ができて、うち、伸びたんだ。毎朝、行ってるよ」

「今日も?」

「もちろんもちろん。四時半から」

「はやっ。セリが四時半からなんですか」

「いや、六時五十分からだけどね」と、この話はこのときサクッと留まったのだが。

「ご家族経営です?」

「息子二人と娘一人。三人とも夫婦でね。あと、従業員も二十二、三人いるよ」

「こちら一軒ですか。他にもお店お持ちなんですか」

「ないない。ここだけ」

「粗利、どれくらいか聞いていいですか」

47　青果店「レ・アル　かきぬま」

「う〜ん、二割五分かな、私の感覚では。暴利とったら、お客さんはついてこないよ」

「八百屋さん一筋、何年です？」

「私？　昭和三十一年に十六歳で店に入って、六十年以上になるな。その前から母親がやってたのよ、昭和二十五年から」

と、いい具合に話が回り出し、私も真横にしゃがみ込む。柿沼社長はカラマンダリンをザル盛りする手をひとときも休めず、軽快に話し続けてくれた。

「うち、戦後、辺り一面焼け野原からのスタートだったの。八百屋兼何でも屋で、うちの母親が。もともと戦前、父親がバス通りの向こうで八百屋をやってたんだけど、戦死しちゃったのでね」

——まあ……。戦後の焼け野原、覚えてらっしゃいますか？

「覚えてる覚えてる。国電が大森駅からガチャガチャと音をたてて通るのがここから聞こえたもんだよ」

——その頃、この商店街は？

「何軒か、ぽちぽちと、だったね」

——お母様、一から頑張られたんですね。

「そうそう。食ってかないといけないからね……。私、B29が飛んできたとき、見てたもんね。焼夷弾が地面に落ちて、跳ねて、火の粉が飛ぶの。四歳だったけど、強烈に覚えてるんだよ」

と、話は戦争中に遡った。一帯は、一九四五（昭和二十）年四月十五日の城南大空襲で木っ端微塵になった。練炭工場へ勤労奉仕に行っていた母が、毎日練炭を二つずつもらって持ち帰っていたため、大空襲で燃えた自宅の「お米の焦げた匂いと、練炭が真っ赤に燃えている様」が頭にこびりついているという。

「終戦の少し前に、江戸川の伯父さん――母の兄の家へ行って、昭和二十二年にここへ戻ってきたんだ」

――江戸川区ですか。

「そう。江戸川は見渡す限りハスの畑だったんだよ。『江戸川蓮根』『葛西蓮根』と言って名産地だったのね。ところが、畑の真ん中に三メートル嵩上《かさあ》げして『進駐軍道路』がつくられたりしてね。だんだんと江戸川のハス農家が茨城の方に移っていくの。伯父さんち、ハスの卸し屋だったんだけど、茨城の土浦のほうに移って、榎本輝彦っていう同い年のいとこ、〝ハス博士〟になったんだよ。ハスの本、いっぱい出してる……」

そういえば、ハスの生産量日本一の県が茨城だと、私はたまたまこの前、茨城県のアンテナショップに行って知ったばかり。江戸川のハス農家の集団移転だったのか。ここ大田区で、江戸川そして茨城の昔話を聞くとは、と思いきや、「江戸川から川一つ渡ると浦安でしょ。漁港だったのよ。イワシに縄を通して干してめざしにしてるんだ。母親、それを買って、浅草に売りに行ってたの。食うもんないから、持ってきゃどんどん売れたの」と、さらに浦安、浅草と広がりを見せた。

きょうだいは、二歳下の妹と二人。柿沼さんのお母さんは、子どもたちの手を引き、めざしを詰めたリュックを背負って、浅草へ出向き、売り歩いたのだそう。「で、めざしを売り終わると、次は茨城の方から列車で運んできた人からお米を買って、浅草の食堂を回って売ったんだ。なんかアレみたいな話でしょう？」

「そうそうアレですね。小説や映画のシーンみたい」

そうして細腕一本で小金を貯めたお母さんが、梅屋敷に戻ったのは、夫の戦死の報が何かの間違いで、ひょっとして元の地元に帰って来るかもしれないと思ったから――というのは、私の勝手な想像だが、その可能性もあるのではないだろうか。

ちなみに、柿沼さんのお母さんは、「大正六年」の生まれ。「関東大震災のとき、大木にしがみついて、助かった」と口にしていたという。根からの肝っ玉女性だったのである。

「今の店は六十五坪。あとから後ろ側の土地も買って、二回建て替えて広くしているんだ。私が小学校一年の三学期にこっち来たときは、間口も今の半分で、あと半分は畑。うちで食べるために、トマトとか芋とか作ってたよ。私は子どもながら、店も畑も手伝った……」

——八百屋さんは、体力の要る仕事ですよね？（と聞く頃、しゃがんで三十分、私はもう足がしびれ、腰も痛くなっていた）

「うちの母親、男並みの体力あったね。でも、上には上がいる。山形に行ったとき、女の人が六十キロの米俵を肩にしょって運んでる写真を資料館で見たからね、あれはすごかった」

と聞いたタイミングで、段ボール箱の中のカラマンダリンがなくなり、柿沼さんはよっこらしょと立ち上がって、段ボール箱を潰す。そして、五メートルばかり離れた場所に停めてあったワゴン車から、次の段ボール箱を両手で運んできた。

——それ、何キロくらいあるんですか。

「さあ。二十キロくらいなんじゃない」

持たせてもらおうとしたが、とんでもない重さで、まったく無理だった。

「もっと重いもの——じゃが芋やかぼちゃなんて、こんなもんじゃゃない。腰にひょいと力を入れて運ぶんだ。無茶してきたから、傷めたよ。脊柱管狭窄症」

柿沼さんが名刺をくれた。「東京都青果物商業協同組合　副理事長・京浜支所長」とある。昭和の終わりには、東京都内に八百屋さんが約八千軒あったが、今は約千七百軒。京浜支所（所在地を問わず大田市場で仕入れる八百屋）では二百三十二軒から八十九軒に減ったそうだ。

「二代目が八百屋で食べていけるかどうか考えて、店を閉じていくんだよね」と言った柿沼さんに、私は「そんな中、レ・アル　かきぬまさんは次世代が食べていけるどころか大健闘、本当にすごいです」と心から。

いちごの売り場にいた長男、正道さん（五十歳）が近づいてきて、

「僕ら、八百屋になるために育てられたエリートだよ」

と笑った。小学生のときから、柿沼家では定額のお小遣いなし。「玉ねぎ十キロ分詰めると百円」などと店の手伝いをして駄賃をもらうルールだった。硬いビニールの荷造り紐を使って、毎日のようにじゃが芋の「芽かき」もし、駄賃は「月六千円」を優に超えた。中学・高校は「帰宅部」で、「電車一本でも早く帰ってきて、手伝おう」としたという。

「反抗期なかったんですか？」と問うと、「まったくなかったなー」とすぐさま。

「どこかに就職して〝他人の飯〟を食べてから継ごうという計画だったけど、高校卒業のときにバブルきてたから、高いものがじゃんじゃん売れて店が忙しくて、それどころじゃなくなっちゃった」

当時、築地で仕入れて非常に繁盛している八百屋が近くにあり、蒲田の卸売市場で仕入れていた「かきぬま」は「地域二番店」だったそうだ。目標とした「地域一番店になる」を駆け足で達成できたのは、車で十分の距離に開場した「青果日本一」の規模の大田市場で仕入れるようになったことが一番だという が、正道さんと同様の歩みをした弟の敏治さん（四十八歳）、「高校のときから、調理師になって店の野菜で料理をする人になろうと決めていた」という妹、澤野佐千子さん（四十三歳）ともども団結してアイデアを結集させた賜物だと拝察。

「子どもたちがまっすぐの理由？　お父さんが働き者で、優しくて、最高にいい人だから」と、惣菜部門を佐千子さんと一緒に担当する「お母さん」こと敬子さん（七十二歳）が手放しで褒める。どうもどうもごちそうさま。

「近所にライバルのスーパーができるたび、うち、客数増やして、伸びているんだよ」と柿沼さん。例えば六千円のメロンを置いておくと、「それより安い」と五千円や四千円のメロンを買いたくなるというお客の心理をついた品揃えをする。「バブルの遺産があるから、百万、二百万の赤字を出してもやってける」と、試食と安売りに邁進する。毎日午後一時から「タイムセール」でさらに安くし、「千円以上お買い上げの方に天ぷら一つ進呈」するほか、「毎週水曜日もやし十九円」などと底値の目玉商品を放出する。佐千子さんが、いろいろな野菜を使ったレシピを大きな声で案内する。そんな販売方法を、「みんなで自然に考えついた」って、お見事！　柿沼さんと敏治さんが野菜、正道さんが果物を担当している。

「やっぱ、仕入れですよ、仕入れ」という正道さんが、「一月から六月初めまでいちごの季節は、おれ、十一時に市場に行ってる」の「十一時」が午後十一時のことで、それが翌朝に続く先頭の時間だとは驚いた。大田市場は二十四時間営業。産地からいちごが配送されるトラックが午後十一時頃から着く。市場内の卸売り場で、セリにかけられるのは六時五十分からだが、それ以前に「先取り」という方法で真っ先に買い付けるのだという。「普通の人はセリの始まる時間に来て、買うでしょ。それじゃ、もう残り物なわけよ」。

あ、先ほど柿沼さんが、野菜のセリが始まる二時間以上前に市場に行くと言っていたのもコレだな。開設者（大田市場）の承認を受ければ、小売業者もスーパーのバイヤーも先取りができるが、かきぬま方式をとる業者は稀。「だからさ、いちごの季節は命削って働いてるよ。五時間も寝らんない」。正道さんは、夜九時半頃から一時間仮眠し、市場へ行く。いちごの先取りをして戻り、三時頃から四時半頃まで再度仮眠し、再びいちご以外の果物の先取りとセリのために市場に行く。朝八時から夜八時の店の営業時間中に二時間余り睡眠を補う。毎日、「仮眠」だけなのだ。

「ぶっ倒れそうですよ。でも、面白いんだ」

「福岡産が終わった」という五月半ばのこの日、店には「栃木産」「群馬産」などのいちごが二パック六百円でずらり。「売り切るよ、多いときは一日千パック以上」。

そんな仕事ぶりを、見る人は見ている。ある日、突然取材の申し込みがあって、小学生向きの『夢をそだてるみんなの仕事300』（講談社）と『21世紀こども百科　しごと館』（小学館）に、「八百屋代表として」紹介された、と二冊を見せてくれた。前者は、「表紙が大谷翔平なんだよ」。胸がキュンとする。

「産地直送も、いろいろやってみたんだけど、物流中に傷んじゃうとか、事務作業煩雑だとか、難しいんだ。やっぱ市場経由が一番なんだよね」

後日、柿沼さんに大田市場へ同行させてもらった。明けやらぬ四時半に、シルバーマークを貼った二トントラックで店を出てゆっくり走り、十分そこそこで市場に着いた。ターレーに乗り換え、青果棟へ。なるほどこれが「先取り」か。積まれた段ボール箱の中を覗き、万能ネギ、ししとう、生姜を買い付けたところで、次男の敏治さんと合流。ターレーの運転を交代し、数え切れないほどの箇所に移動して、セリが始まるまで二人で買い付けを続けたのだが、売買が成立するたびに「はい、これ」と卸売業者の担当者に、ターレーの荷台の片隅に積んでいた発砲スチロール箱の中から缶コーヒーをあげていた。先に柿沼さんが言った「人情」の一端だろうか。商品ごとに行われるセリにももちろん参加し、柿沼さんの手やりが伸びる。

この日の仕入れは二トン車二台にほぼ満杯状態になったが、ターレーから積み替えているところへ、卸売業者がセリで残った商品を格安で買ってくれと持ってくる。そばで見ていてもほっこりする「人情」が行き交うシーン。そうか、これもあっての、超安売り可能店なのだな、と合点した。「父には、死ぬまで働いてもらいますよ」と、正道さん、敏治さんが口を揃える。「もちろん、そのつもり。六十五で引退して、日本舞踊とか趣味三昧で過ごした母親が最後はボケちゃってかわいそうだったからねえ」と柿沼さん。なお、店名についた「レ・アル（アール）」は、パリの真ん中にあった市場の名前にちなんで。柿沼さんの妹さんが長くパリ在住、とのことだった。

（2019・5）

港区芝の魚屋さん

「仕入れに行くのに、年は関係ないじゃない」

東京の人は町を東西南北で語らない、と気づいてはいたが、やはり。

「そっちの方にまっすぐ行って」

「それから右に曲がって、大通りに出て左。走ってくの」

芝の商店街の魚屋の女将《おかみ》さんが、そうおっしゃった。御歳八十オーバー。通い慣れた道だから、右に曲がる角のビルの佇まいも、隅々まで頭に入っている。「走ってく」のは、朝の五時すぎ。夏場ならまだしも、この季節はまだまだ真っ暗な時間である。豊洲市場に仕入れに行くため、自宅兼店舗から都営浅草線大門駅に急ぐのだ。

そう聞いた翌朝、五時二十分に大門駅の改札で待ち合わせたら、ほんとに小走りで到着された。

身長百五十五センチの私よりもかなり小柄。細身で華奢な方である。ピンクの毛糸帽をかぶり、首元に暖かそうなファーの襟巻き。濃いグレーのフリースの上着、黒いおズボン。それに、ポシェットを斜めがけという出で立ちで、手に新聞紙に包んだ細長いものを握っておられ、それは研ぎに出す包丁だとのこと。

ポシェットから一枚の券を出し、「これね、収入の低い私たち老人は、千円で都営（地下鉄とバス）に一年間乗り放題のパスなの、東京都の」と見せてくれ、駅員のいる改札を通る。

「ここから乗ったら、新橋駅でエレベーターのまん前に着くんですよ」

とホームの定位置で待ち構え、この日は一車両に先客五人だった五時二十六分発に乗り込む。

――今日は何時起きですか？

「三時半に目が覚めちゃって、寝坊しちゃったらダメと思って眠れなかったの。夕べ寝たのは十一時をとっくに過ぎていたから、寝不足よ、いつも。チョコレートひとかけ食べて、梅干しを入れたお茶を飲んできたわ」

――いつも？

「そうよ、いつも。築地（市場）だったときは、六時に出てけば間に合ったんだけど、遠くなったじゃない？　一時間早く出なきゃいけなくなったの」

――市場の移転、迷惑なことでしたね。

「仕方ないんじゃないの。大勢（同業の魚屋が）やめちゃったけどね。新橋の駅でもバスの乗り場に行くのに、どこの出口を出て行けばいいのかって、体が覚えるまでちょっとかかりましたよ」

――勝手が違う。

「でも、もう大丈夫。でね、新橋駅に着いたら、ダッシュよダッシュ。バスは三十三分発。ぎりぎりだから」

マジですかと思ったが、マジだった。ホームからのエレベーターは都営浅草線の改札フロアまでだから、その先の二か所の階段も通路も、女将さんは小走りだ。早朝出勤のサラリーマンも、この時間まで飲んでましたふうの若者たちもいて、少し動き出している駅構内。女将さんに息せききってついていきつつ、「バスは座れるんですか」と尋ねた私は、分かっちゃいなかった。

「まさか。ラッシュみたいな感じよ」

――でも、優先座席があるのでは？

「ははは、バスに乗ってるのは、年寄りばかりだもの、誰も替わっちゃくれないわ。それに、仕入れに行くのに、年は関係ないじゃない」

かくして乗り込んだ豊洲行きバスの車内は、なるほど満杯状態だった。ほとんどがお年を召した男性である。少々生臭い香りがした。魚を入れる箱を持った御仁が多かったのだ。女将さんは、座席の背もたれの脇を両手で掴んで立つ。国立がん研究センター前から晴海通りへ、古巣の築地市場の前を通って、隅田川を越えていく。豊洲市場に着くまで三十五分間の立ちっぱなしは、私には結構きつかったが、女将さんは「大丈夫、大丈夫」。

そこまではまだ序の口で、六時過ぎに市場に入ってから、さらに「おそれいりました」となった。だだっ広い水産卸売場棟には、後で調べると仲卸業者四百二十九の店がある。業者さんは、威勢がいいばかりかガタイのいいお兄さんやお姉さんばかりだ（と、私の目には映った）。仕入れに来ている魚屋や飲食店などの人たちも、若い人たちが目立つ（バス同乗の年配者たちもいるはずだが）。ぶつからないのが不思議な感じで、ターレーと呼ばれる運搬車も頻繁に行き交う。そんな中へ、おそらく最も年長で、最も小柄な女将さんがぐいぐい分け入っていく姿は頼もしすぎる。

「築地は（フロアが）フラットだったからよかったけど、ここは上がったり下がったりしなきゃいけないし、（行きつけの）店の場所も覚えなきゃならなくて大変」と言うものの、豊洲通い三か月目にして、もう克服なさっている。「塩干なら、生ならっていう具合に、馴染みの店は何軒かずつ決まっているからね」。

十二月中旬だったこの日、まず、生筋子や数の子が様々に並ぶ店へ行き、じっと睨む。

「ツブが大きい方がいいんですか？」と横から素人丸出しで女将さんに聞いたが、滑った。

「いや。全体」

色艶ですか？

「……長年やってるから、見たら分かるの」

店のお兄さんから「やわらかいよ」と声がかかるも、「そうねえ」とかなんとか、ちょっと不満そうに応じ、同様の品揃えの店を三店、はしご。

次は、「SHRIMP」と書いた箱が山積みの店で、

「十六ミリは五千円くらいするの？」と聞く。

「いや、今、高いのよ。五千五百円」と店のおじさん。十六ミリはエビの大きさ、五千円、五千五百円は一キロあたりの売値のことだった。

「だったら、ウチなんかおマンマ食べられなくなっちゃうわ」は、女将さんの魚屋では小売値を抑えるため、利益が取れないという意味だと、あとで知った。

「イリアンは？」と女将さんがお兄さんに聞く。

イリアンというのは、インドネシア・イリアン海域で漁獲される、身がやわらかく甘みの強い高級海老だそう。

「今、輸入してないの」と店のおじさん。

「なんかあったの？」

「中国船が獲りに入ってきちゃって、（漁場全体が）操業停止になっちゃってるの」

「困ったもんだね」

59　港区芝の魚屋さん

場内は騒々しいが、そんな会話がギリギリ聞こえた。

カニの店も四店ほど回り、「アラスカ?」「ロシア?」と尋ねながら、値段をチェック。なかなか買わないのは、その日の場内に、体を慣れさせるためだったのだろうか。十分経過したのを境に、女将さんはどんどん買うようになった。

丸ごと一匹の鯛やブリ、銀鮭を品選びしているとき、私はまた聞いた。

「あるお寿司屋さんに、『魚は目を見て選ぶ』と聞いたんですが、女将さんもそうですか?」と。

「魚の目? そんなこと言う人いたの?」

ええ。

「目だけじゃなくて、いろいろね。長年の経験でね」

また滑った。

女将さんは、指先で魚を触りもするので、「弾力を、見てます?」と聞いたら、苦笑された。目利きを言語化したいというのが、そもそも間違いなのだ。

惚れ惚れするような、身がふかふかのアジの開きが四百五十円で並んでいる店では、

「これ、欲しいけど、結構高いね」

「じゃあいいよ、四百円にしとくわ」

と、あっさり値切れたシーンもあって、嬉しくなった。

他に、アサリ、牡蠣、カレイ、鱈のフィーレ、ししゃも、ホッケ、カマス……。それに、最初に見に行った店に戻って、生筋子、数の子。すべて現金で買う。買ったものは店から、女将さんが契約している運送会社に運ばれるので、持たなくていい。「運送会社が、八時半から九時頃に、店に届けてくれるの」。

最後に、四階の物販フロアに上がって、持参してきていた包丁を老舗「有次」へ研ぎに出し、七時半に市場を後にするとき、私のスマホの万歩計は、八千歩を超えていた。「正直、へとへとです」と言うと、女将さんは涼しい顔でニコッと笑った。

「コーヒーでも」と誘おうとしたが、「あ、あのバスに乗れるかな」とおっしゃった途端に、また二十メートルほど駆けて、出発間際のバスに飛び乗った。またも座席は空いておらず、新橋まで立ちっぱなしで三十分。

「いや〜、私、これまで飲食店の取材記事に、『毎朝、築地で仕入れる』とさらりと何本も書いてきましたけど、こんなに大変なことだったとは」

「あらそう？　仕事だからね」

「お店に帰るのは何時になります？」

「八時半。ちょっと休憩するけど、じきに荷が着くでしょ。お客さんも来るでしょ」

「一日、いったい何時間働いていてらっしゃるのでしょう」

「そんなこと、考えたこともないわ」

帰りのバスに揺られながら、そんな話をした。

さすがに、三年ほど前から毎日市場に来るのはやめ、「週二日か三日」のペースになった。来ない日は電話注文するが、それも、こうして足を運んで、「じかに魚を見て、触れている」からこそ、とも。

女将さんは、魚屋をたった一人で切り盛りする。営業時間は九時頃から夕方七時頃まで。豊洲に行く日は、店を開けるまでに三時間半——ということは、一日十三時間半、腰掛ける暇なく働きっぱなしなのだ。

曇天の午後、魚屋に行った。

最寄駅は、都営三田線芝公園、三田、JR山手線田町、浜松町の各駅だ。港区のビジネス街に囲まれた芝商店街の中にある。「バブル期までは、八百屋も肉屋もあって賑やかだったんだけどね」と、古くからの住人に聞いたが、商店街といっても、マンションやビルも立ち並び、女将さんの魚屋の向かいは、外車のショールームだったりする。

魚屋の店先には、右手の扉付き冷蔵ケースに、寒ブリ、タラ、サワラ、銀鮭の切り身や、尾頭付きの鯛、カマスの開き、アンコウ、牡蠣、刺身。手前に積んだ発泡スチロールの中にイカ、アジやホッケの開き、皮ハギなどが。左手の平台形式の冷蔵ケースに、アサリやシジミ、銀ダラの西京漬などがずらり。姿かたちが見目麗しいばかりか、緑色のシートや経木《きょうぎ》（杉などを紙のように薄く削ったもの）に載せられ、産地も表示され、並べ方も端正だ。そう、売り場全体に「品格」がある。「デパ地下以上のものが、デパ地下の半額以下」と評する常連に会ったが、まさにそう。

「あらまた来たの？」

と、冷蔵ケースの後ろ側の広いスペースで、包丁でカマスを開いていた女将さんが顔を上げ、「昔ながらでやってるだけから、（取材の）お役に立たなくてごめんなさいね」と続ける。いやいや、とんでもない。

「めちゃくちゃ安く売ってらして、びっくりしました」

「そんなに採算を考えていないから。人件費ないですしね」

そんなやりとりをした後、その「昔ながら」を拝見させてくださいと居座った。

女将さんは、三十センチほどのカマスを俎板《まないた》に載せ、ウロコを取り除き、背を手前に置いたかと思うと、あれよあれよという間に、エラの下から切り込みを入れ、背中からぐいっと開く。熟練の包丁さばきが清々《すがすが》しいったらありゃしない。内臓を取り出したら、歯ブラシを手に、「歯を磨くだけに使うものじゃないわよ」とニコッ。

開いたカマスの隅に、わずかに残る血合いを歯ブラシで丁寧に取り除いた。

細かな心配りは、それだけじゃない。俎板の上に、相当年季が入った木槌が一つ。「氷をね、叩くの」。業者から届く氷を木槌でシャカシャカと割る。「三十年以上働いてくれているから、すり減ってるけど、これでないとダメなのね」。魚の種類や寸法によって、陳列時に経木の下に敷く氷の大きさを加減しているのだ。

作業スペースの右手と奥は、「最近やり直したのよ。と言っても、二十年くらい経つかな」という、天井まで続く業務用冷蔵庫が壁になっている。ただ立っているだけでも、足の先からじわじわ冷える。外の温度以下だ（と感じた）。暖は、やかんを置いた練炭火鉢一つだけ。「こうするの」と女将さんは、一つの発泡スチロールの箱の蓋を五センチばかし開ける。そこには、やかんから注がれたお湯が張ってあり、かじかんだ指先を浸けて、時折温めるのだった。

そうこうする間に、老若男女のお客が次々と現れ、「すみませ〜ん」と、女将さんを呼ぶ。

「寒いですね」

「今夜、ひときわ冷え込むらしいですよ」

「あったかくしないとね」

他愛のないやりとりが、「こんにちは」代わりの挨拶だ。

幼稚園のお迎え帰りのお母さんが、「これ、何イカだっけ？」。

「ヤリイカ。大根とか里芋とかと煮れば美味しいですよ」

ご年配の男性が、「今日は、なんか、あったかいもの」。

「ブリとか鯛のあら炊きなんか、いいんじゃない？　お酒とお醤油を入れて」などと。

ＯＬっぽい女性が、鯛の刺身と、サーモン、タラを一切れずつ買うと、女将さんはすぐさま「千百六十六円ですね」。八パーセントの消費税を入れた暗算もお手の物で、レジをたたいて詳細を明記したレシートを渡すが、千円札は天井から吊った籠に、小銭は新聞紙を敷いた缶の中に入れ、お釣りもそこから出す。

――やっぱり、すご～くいいですね、対面販売。

「（仕分け作業、切り分け作業をして）並べながら売ってるから、午後三時ぐらいに一番揃いますよ」

合間合間に、こぼれ聞いた店の履歴は――。

女将さんの父が、芝浦に停泊する「日本丸」に納品したのが縁で、「東京市芝区」だった戦前に開店した。一九三七（昭和十二）年生まれの女将さんの記憶は、「埼玉に疎開していた幼稚園のとき」から始まり、戦後、この地に戻ると、「焼け野原になっちゃっていましたでしょ」。

復員した父が苦心して仮住まいの家を建て、魚屋を再興したのは、水産物の統制が解かれた一九五〇年の後だ。二百メートルほど先の金杉浜町に、雑魚場《ざこば》と呼ばれる舟だまりがあり、漁民が雑魚を並べて売っていたから、そこからも仕入れていたかもしれない。

「銀座、新橋あたりへの勤め人が大勢住んでいて、路地に入れば、木造の二階建ての家や六畳一間のアパートがひしめいていた」とは、芝商店会長の金子全宏さん（七十歳）による五〇年代、六〇年代述懐だ。二のつく日が「芝のお不動さん」の縁日で、露店が並ぶ町だった。魚屋は住人たちの暮らしの必需。女将さんが長じるにつれ、魚屋に職人さんが一人、二人と増えていき、「常時四、五人はいましたね」。

学校を出た女将さんは、二年半、会社勤めをした後に、店を手伝うようになったそう。「あの頃は、結婚で会社を辞めるのが当たり前でしたからね」とおっしゃるので、そのあたりの事情も聞きたかったが、「身元調査はお断り」と、笑って遮られてしまった。その代わりでもないだろうが、「若い頃はお休みのたびに銀座に行ったものよ」と、都心暮らしの矜持。江戸っ子ではなく、「芝っ子」というらしい。

「私は、職人さんたちの仕事を見よう見まねで、やってきました。大きな魚は、包丁の重さを使って捌《さば》くとかね」と女将さん。

――魚についてのうんちくも？

「職人さんからも、市場からも」

正月のおせち料理に欠かせなかったのが、コハダの酢漬けだ。シンコ、コハダ、コノシロと名を変える「出世魚」なので、縁起がいいとされるからだが、年末には、何人もの学生アルバイトを雇って、指揮し、大樽で漬けた思い出もある。

バブル時の地上げで町がごろっと変わった。先述の芝商店会長の金子さんによると、このエリアでは地上げに当たって「坪六千万」の提示まで出たそうだ。金春湯という銭湯が姿を消し、風呂なしの家に住んでいた人たちが引っ越していかざるを得なくなって、地上げに弾みがついたという。

ビル街となった後も残った住人たちも少なくなく、「スーパーで売ってるものと大違いだもの」との声を幾人もから耳にした。職人さんたちが高齢で辞めていった後も、女将さん一人でまっすぐに奮闘してきたのだ。黙々と。

「そんなに採算を考えてないから」と、先に聞いた言葉をもう一度おっしゃり、「娘は学校の先生をしている」ともぽつり。

近年、周辺にマンションが増えた。「第二の地上げ期」かのように、不動産会社からアプローチも来ている。「でも、私はわたしでやっていく」。言わずもがな、そんな働きぶりが天晴れだ。

「人間がね、一番ひどいことをしていると思いますよ。泳いでいた魚の命をいただいちゃうんだもんね。だから、『いただきます』と手を合わせて食べなきゃいけない」

手を休め、ふと、そうおっしゃったことを思い出しながら、その日、買って帰ったカマスを焼いた。

鯖は「最後に薄皮を手で剝ぐと、歯ざわりが優しくなりますよ」と指南してくださったやり方でしめ鯖にした。いただきます。どちらも、ほろほろと美味しく、自分史上最高の滋味となった。

（2019・1）

台東区の「金星堂洋品店」

「(よく売れるのは) カストロとベトコンですね」

今日の仕事はつらかった。あとは焼酎をあおるだけ〜と、岡林信康が「山谷ブルース」を歌った一九七〇年頃の山谷《さんや》を知る誰もが「すごかった」と言う。簡易宿泊所が無数にあって、早朝から、その日の仕事を求める労働者があふれていただの、飲み屋も飯屋も大繁盛していただの、あるいは、血気盛んな男たちの喧嘩が絶えなかっただの、何千人規模の暴動も起きただの。

大勢の観光客で賑わいまくる浅草から北へ二キロほどしか離れていないのに、今の山谷はずいぶん静かだ。「すごかった」頃から長い年月を経て、労働者たちはすっかり高齢になり、生活保護の受給者が多い町になった。ゲストハウスができて外国人が歩く姿も目にするが、ジャンパーが汚れ気味であったり、杖をつく後ろ姿が寂しげであったりする高齢男性が圧倒的に多い。そんな山谷の、いわばメインストリート・吉野通りに面した三階建てのビルの一階にこの店はある。

間口五メートルほどの「金星堂洋品店」。店頭右手のショーウインドーに、シャツや上着、チョッキ類がディスプレーされている。中央のワゴンには、百三十円の「グン足」も、五百円のサンダルも二枚組千百円のグンゼのシャツも。そして、左手のショーウインドーには、長靴、雪駄、安全靴が並び、私の目にはダイビングのウエットスーツに見えるツナギの作業着もぶらさがっている。

実は、近年縁あってちょくちょく山谷を訪ねているのだが、この町に暮らすミズタニさん（七十歳）と一緒に、前を通りかかったのが、この店との出会いだった。ミズタニさんが、左手のショーウインドーの下に、小さな招き猫が十個ほど置かれているのを見つけ、

「えらくかわいいねえ」

と言った。ほとんどが黒か紺色の商品構成の中、招き猫だけ〝色〟がある。耳や首元が赤くペインティングされていて、お茶目なのだ。招き猫は、目尻を下げていたり、つぶらな瞳だったりする。

「どれもこれも、ニコニコしてやがる」

つい先ほどまで、簡易宿泊所暮らしの窮状を語気荒く訴えていたのが嘘のように、ミズタニさんの表情が緩む。そんな様子が、店内から見えたのだろう。店主が顔を見せた。老齢の男性だ。

「猫のお腹に干支が描いてあるでしょう?」

「あ、ほんとだ。ウサギ、トラ、ネズミ……」と、ミズタニさん。

「うち、長いからね。初売りの日に、浅草橋の問屋がこの招き猫をくれるの。毎年もらって来ているんですよ」

私は、店主の言った「長いから」に反応したかったが、先にミズタニさんが「おれはイヌだから」と。お腹に和犬の絵が描かれた招き猫を指して、目を細めたから、

「毎年のことだからたくさんあって、ここに置ききれなくて、あと二つ、大きいのが店の中にあるから、見ていかれますか」

と店主。こうして、店内に足を踏み入れたミズタニさんと私は、度肝を抜かれた。ガラスケースの上に鎮座する二つの招き猫が大きかったからではなく、大音量でクラシック音楽が流れていたことに、だ。

傘、リュック、コート、レインコート、ズボンなどなどが目に入る十坪ほどの店内は、店頭に増して色目が暗い。昭和感ひとしおだ。しかも、掃除が行き届いているとは言い難い中で、この日、バイオリンやピアノが大音量で旋律を奏でていたのである。怪訝《けげん》な顔をしたであろう私たちに、店主は、

「ドビッシー」

と、ひとこと。


そんなことがあって、妙に気になっていた金星堂洋品店を訪ねたのは十一月の半ばで、

「寒くなりましたね」

が、型通りの挨拶でない日だった。店主——大澤徳明さんは、アディダスの毛糸帽にウインドブレーカーという、しゃれた防寒の装いで、右手奥の机の前に座っておられた。とりたてて外と中を隔てる扉はないから、風が吹くたびにハンガーに吊られたシャツやズボンがゆらゆらする。前回よりは小音量で「ホフマンの舟歌」が流れる店内で、手にしていた文庫本から目をあげ、

「やあ、いらっしゃい」

と迎えてくれた。

何を読んでらっしゃいました？　と、脇道から質問する。

「えぇっと、『狐罠』だね、北森鴻《こう》って人の。旗師《はたし》って言うんだけど、古物商が主人公のお話なの。この人の本、娘が何冊も置いていったので、暇つぶしにね。でも、何ページか読んでから、あ、これ、前にも読んだ話だなと分かることが時々ありますよ（笑）」

後ろの棚に十冊ほど横積みされ、その近くに醤油やポン酢。背中にちょっぴり生活感を漂わせつつ、ひねもすここに座って、本と音楽なのか。

――お店は何時から何時までですか？

「この頃は朝六時から夕方六時まで」

――えっ？　朝六時？

「そうですよ、朝の早い町だから。昔は朝五時から夜十時まで開けてたんですがね。バブルが崩壊して、平成三年の十月からピタッと売れなくなっちゃったからね」

――売れていた頃って、どんな感じでした？

「五時にシャッター開けたら、もうお客さんが何人も待ってたんですよ。商品構成は今と変わらないけど、一万円以上のものも結構売れましてねえ。一番高かったのは七万五千円の革ジャン。五、六着は売れましたよ」

――労働者のおっちゃんが七万五千円の革ジャンを？

「そうですよ、あの当時の労働者は実入りがよかったからね。ジャンパーの下に、ジャンパーと同じような色の服を着たんじゃ目立たないけど、反対色の服を着たら映えるよ、かっこいいよって、アドバイスしたもんです」

――今も？

「今はアドバイスしないねえ。というか、する必要がないの。お客さん、来ませんから（笑）。来ても、選ぶの早い」

と、話が滑り出したところへ、恰幅のよい五十年配のお客さんが店に入ってきた。もちろん男性。

「居眠りしているときでもね、お客さんが入って来たら、気配で必ず気づくの」と嬉しそうな顔をして大澤さんはお客さんに近づいて行った。

「それ、見せて」

71 「金星堂洋品店」

「はい」

「LLサイズある？」

「はい、これ」

ごく普通のそんなやりとりが聞こえてきて、「こっちのボタンの方が似合うんじゃない」と、大澤さん。

そのお客さんは、一分もしないうちに三千五百円のダンガリー風のシャツをお買い上げ。留め金式ボタンのタイプを薦めたのだと、あとで聞いた。

戻ってきた大澤さんが、「ね、早いでしょう？　近頃の人は」。妙だが、私は「男は黙ってサッポロビール」の広告コピーを思い出した。「利益率はどれくらいです？」と聞いてみる。

「どこの店よりも安く値付けてるんだけど、それでも最低でも三割」

あ～、やっぱり。先般取材した本屋さんは二割強だったから、洋品店のほうがずっといいのねと、胸の内でつぶやいたが、「七万五千円の革ジャンを売ったら、二万五千円くらいもらえたかな、あの頃」と、大澤さんが四半世紀前に話を戻す。

「いちばん繁盛したのは、十二月三十日と三十一日でね。二日間で、一か月分を売り上げましたよ」

その頃、労働者たちが新調した服で正月に田舎に帰ったからだが、今はもう正月に帰るところのない人しか山谷にいないかもしれないね、と大澤さん。

改めて店内を見回し、はっとした。一角に、冠婚葬祭に必要な洋品群を見つけたからだ。礼装用のネクタイ、真っ白のシャツ、黒靴。それにセカンドバッグ。値段は、例えば「洋服の青山」より三割がた安そうだ。ただし、おそらく流行をまったく追わないタイプ。「もう何年も売れてません」と大澤さんが断言するのがちょっとおかしく、ちょっと痛い。

じゃあ、今、売れているのは？　と、おそるおそる尋ねる。「何もない」と言われるかもと思ったのだが、豈図《あにはか》らんや。「カストロとベトコンですね」と即答された。何ですか、それ。

両方とも店内の一等地に掛かっていた。大澤さんが、ハンガーを外して見せてくれる。

カストロは襟と裏にボアがつき、お尻がすっぽり隠れる長さの濃紺のナイロン製ハーフコートだ。

「今うちにある中で、一番高い」とのことで、それでも四千八百円。

「ジャンパーの上からでも、背広の上からでも着れるの。カストロって人が着ていたらしいですよ」

カストロって、キューバの革命家の？

「たぶんね」

亜熱帯のキューバでなぜ冬のコート？　いやいや、突っ込まない、突っ込まない。

ベトコンは、太ももの部分にポケットがついている、太ももゆったりのカーペンターパンツ。紺色とベージュの二種類があり、二千三百円から三千七百円。

この名前は、南ベトナム解放民族戦線由来ですかね？

「そう。ベトコンが穿いていたんじゃないですか。丈夫なんですよ」

札に、カストロともベトコンとも書かれていないから、もしや山谷だけ、あるいはこの店だけでの呼び方なのかな。

「さあ、分かんないですね。ともかく、ずっと前からカストロとベトコンです。ふつうに、そう言う」

大澤さんの父が生まれた一九〇六（明治三十九）年に、すでに祖父がここで商売をしていたというから、筋金入りの山谷の店だ。

日光街道の宿場街で、江戸時代から木賃宿が集積する地だったという山谷だが、大正時代にはすでに労働者の町となっていて、「田中町宿泊所」という名の、三階建て労働者宿泊所が存在したと大澤さんは聞き及んでいる。

「杉の木を三百本も打ち込んだ日本一の立派な宿泊所で、大正天皇が来られたらしいです」

この情報は、あとで台東区中央図書館で調べても出てこなかったが、信憑性が高いのではないか。大澤さんの祖父の店が、その宿泊所の労働者も着用する股引、腹掛などを手広く販売していたというからだ。祖父については、「静岡・焼津の出で、清水次郎長の腹掛を作った人だったんですよ」と。

大澤さんは、一九三七（昭和十二）年生まれ。姉三人に次いで生まれた長男なので、弟ともども「ベタベタに可愛がられて育ちました」。幼稚園のときに、「親父が陸軍省に寄付に行くのについていって、鉄兜《てつかぶと》や機関銃を見せてもらった」記憶があり、二世代目である父が営む労働ウエアの店は相当に羽振りがよかったようだ。しかし、一九四五（昭和二十）年三月十日に全焼してしまう。

「大空襲は陸軍記念日だったんですよね。僕は小学校二年生で、あの日店の中に火の粉が入って来たのを覚えています。隣の煙草屋一家も一緒に、家族で逃げた。あっちが燃えている、こっちが危ないと流言飛語が飛び交ったんですが、サーベル（洋刀）を持ったお巡りさんに、『風上に逃げろ』と言われ、途中から必死で北向きに走った。二月二十六日に南千住に空襲で爆弾が落ちて、すでに焼け野原になっていたところがあって、そこに逃げられたから助かったんです。大人たちが『関東大震災よりひどい』って言っていた」

住まいを失い、母方の親戚を頼って「二階まで雪に閉ざされる」秋田県角館《かくのだて》へ家族で疎開したが、二年半後、中学受験をするために東京に戻った。やれやれ。ところが、東京に戻って間もなく、母親が急死する。「僕は十一歳でした。きれいで、優しいお袋だった……」。

戦後、ＧＨＱと東京都のバックアップと、地元有力者の尽力により、山谷に戦争被災者のための仮の宿泊施設（テント村）ができた。テントから本建築の仮設住宅へと変貌する中、一九五二（昭和二十七）年に物価統制令が解けて、ようやく父は店を再建できた。大澤さんが高校を卒業して、店の一翼を担うようになるのは、その四年後だ。チンピラに喧嘩を売られ、悔しい思いをしたのをきっかけに空手の腕を磨くなど、いっぱしだった一方で、母親代わりに世話をしてくれた東京第一高女出の長姉には頭が上がらないという微妙な立ち位置だったという。

店は、高度経済成長と共にあった。東京オリンピック（一九六四年）から大阪万博（一九七〇年）がピークで、山谷の労働者人口が三万人を数えた。冒頭に書いた「すごかった」時代だ。山谷の人たちは衣食住の全てを山谷内でほぼ完結させる。三万人がおよそ五百メートル四方に蠢いているとは、密集度の高さいかばかりか。「縁起がいい」と名付けられた金星堂洋品店は、山谷に三店しかなかった洋品店のうちの一店。地下足袋、作業服、ニッカポッカが飛ぶように売れ、大澤さんは仕入れに、浅草橋の問屋へオートバイを走らせた。売り上げが年間一千万円を超える年もあった。

「マンボズボンだって、細いのが流行ったり、ちょっと太めが流行したり。ニッカポッカも、大阪から七分丈のが入ってきて、そっちが主流になったり。店頭に新しい品物を飾ると、お客さんが目ざとく見つけるわけですよ」

「角館に疎開したから、東北弁に親近感があったんですね。東北のお客さん、多かったですよ」

そんな矢先に、父が倒れ、療養のために一家は鎌倉に七十五坪の別荘を建てた。しかし、店は毎日十七時間営業だから、なかなか父の元に足をのばせなかったと、大澤さんは今も後悔している。

父亡き後の一九七九（昭和五十四）年、きょうだいで三階建ての「大澤ビル」を建てた。二階は姉たちが切り盛りする喫茶店（すでに店じまい）、三階は弟の経営の麻雀店（同）。そして、一階が大澤さんの洋品店なのである。

「うちのにも苦労させた。陰から支えてくれて……。彼女は電動ミシンを持ってましてね、器用だったの。ズボンを買ったお客さんの裾丈上げも修理もやってくれたんですよ。あの裾上げがあったから、お客さんがついたようなもの」

そう言いつつ、大澤さんが「ほらこれがうちの」と、定位置の机上で自分の方に向けていた写真立てを見せてくれた。数年前に亡くなったという、妻さんの黒留袖姿のポートレートだった。「いやいや」と大澤さんが否定したが、クラシックは夫婦の趣味で、大音量は亡き妻にも聴かせようとしていると思えてならない――。

ところで、難儀なお客はいなかったのか。

「あ、いましたいました」

即答した大澤さんは、「私が内金をもらわないからでしょうが」と前置きをした上で、二つの例を引いた。

「こういうシャツが欲しい」と、店にないタイプのものを注文に来た人が、その品物が入荷する前に再度来店し、「〇日にお金が入るので、注文した商品を取りに来るときに一緒に返すから千円貸してほしい」と懇願した。

「信用して千円貸したら、それっきり、その人が来ない。取り寄せた商品も千円も〝やられました〟」

もう一例は、店にある靴下の全種類をああでもないこうでもないと言った上で、「厚手のものが欲しい」と注文する。問屋でさんざん探して、希望の厚手の靴下を入荷する。

「入りましたよと、注文した人が書いていった携帯番号に電話すると、要領を得ないんですよ。なんでも、鹿児島にいる人にかかったとかで、いたずらだったの。注文詐欺に引っかかっちゃったわけ」

この日、こうして話を聞いて、四時間が過ぎてようやく二人目のお客さんがやってきた。と言っても、店頭のワゴンから百円の軍手が一つ売れただけ。大澤さんは「この頃は、いつもこんなもんですよ」と苦笑いした。ビューンとまたも木枯らしが吹いてきて、十着近くぶら下がるカストロとベトコンも揺れた。

「二人の娘は、草加と花川戸に嫁《とつ》いだんですがね。彼女らは、見切って在庫処分をしてしまいな。店を閉めなさいと言うんですが、そういう気になれない。あと何年かだろうけど、このままでいたい。年金があるから、誰にも迷惑をかけないで続けていける……」

しみじみとそう話してから、「私ね、山谷って地名が好きなんですよ」と続けた。「昭和四十一年に、地名が日本堤に変わるって知らされた時、町会で反対したのは私だけだったんだ」。

おもむろに立ち上がった大澤さんが、店の奥の扉を開けて居室に消えた。トイレに行ったんだろうと思っていたら、違った。紙箱を抱えてすぐに戻って来て、「これ、見てよ」。

藍染の鯉口、股引、腹掛……。「うちで別注した」という祭り装束に身を包んだ人たちのスナップや集合写真がいっぱい入っていた。

「私も写ってるでしょ」

百七十センチ、八十キロだったという若き日の大澤さんが、この近くの路上で家族や仲間に囲まれている。三社祭だという。はい？

「山谷は飛び地なんですよ、浅草寺の。四十四の氏子の一つで、町会で御輿を二基持っている」

浅草寺は、推古天皇三十六（六二八）年に、隅田川で漁をしていた檜前浜成《ひのくまのはまなり》と竹成《たけなり》のきょうだいが網にかかった聖観音像を、土地の文化人・土師真中知《はじのあたいなかとも》と三人で祀ったのが縁起とされるが、大澤さんによると檜前浜成と竹成のきょうだいの住まいが山谷にあったそうだ。飛び地のため、三社祭では本社神輿がトラックで運ばれて来る。金星堂洋品店が面する吉野通り一帯も、渡御するという。

「えっ」と驚く私に、山谷が労働者の町としか捉えられていないのが悔しいと大澤さんが言い、シャツやパジャマも入っているガラスケースから、法被、腹掛、股引、手甲、脚絆など祭り装束を取り出した。

「腹掛をピシッと締めるのが江戸っ子スタイルだ」と、ウインドブレーカーを脱いで、自ら着て見せてくれた。

かっこいい。粋です――。と申し上げると、大澤さんはちょっと照れた。


（２０１８・11）

神田神保町の「ミマツ靴店」

「長年やってると、お客様の足が分かるんですね」

神保町の交差点近く。ガラスのウインドーに「足にやさしい靴を見つけるお店」とあり、気になっていた。でも、「DISCOUNT」とも書かれているので、例えば去年のモデルなんかを売っているのかと勘ぐりもしたが、違った。

初冬のある日、店内で、好みの形のローヒールのパンプスを見つけ、試着してみた。幅広で甲高の私の足は難儀だ。長い年月をかけて探し出せた一つのブランドのものしか、合わない。そのブランドはかなり高価なので、毎回とはいかず、ほどほど大丈夫そうなものも買う。その度にしばらく靴擦れを我慢するしかなかった。ところが、試着したそのパンプスは、一万二千円そこそこにして私の足にピタリときた。歩いてみても、どこも痛くない。あら、珍しい。すぐさま買うと決め、一応尋ねてみた。

「安いのは、古いモデルだからなんですか?」

値札には、三千円ばかり高い定価も併記され、線で消されている。

「いいえ。オリジナル以外、デパートに売っているのとまったく同じですが、うちは少しずつお安くしているんですよ」

と、店の男性。「薄利多売です」と、ニコッと笑った。

そして跪《ひざまず》いて、私の足の小指の近くの靴の表面に軽く触れ、「ここが少しキツくないですか？」とおっしゃる。いつもの靴擦れの箇所だ。そういえば、ほんの少しキツいような気もしてきた。「少し広げましょう」「クッションもお入れしてみましょう」と提案があった。

二、三分後、調整されて運ばれてきたそのパンプスに足を入れると、摩訶不思議。ピタリ度がさらにさらにさらに上がっている。

もう一足、雨の日用のビニールのローファーも履いてみた。それには、土踏まずの部分にだけクッションを入れてくれたが、なぜ、この人は私の土踏まずの窪みが深めなのが分かったのだろう。

二足を衝動買いし、包装してくれるのを待つ間、もう一人店内にいた年配女性が「とてもお似合いでしたよ」と話しかけてくれた。「ありがとうございました」と送り出されるとき、私は「こちらこそありがとうございました」と鸚鵡《おうむ》返しした。

「計測して数値を出しても、その数値がそのお客さんの履き心地に合うかどうかは別なんですね。たとえば『二三《さん》・五《はん》のＥＥ』と言っても、メーカーによって微妙に大きさが異なりますし、ゆったり目がお好きな方も、きっちりなほうが履きやすいという方もいらっしゃいますから。直感というか何というか。長年やっていると、お客様の足が分かるんですね」

そんなふうに聞いたのは、今回の取材の終盤だ。

ミマツ靴店の紙袋には「Since 1930」とある。ここ神保町で独立してからでも、おおよそ六十年の歴史を刻む店だった。

私の足に靴を合わせてくれたのは二世代目であるご長男（六十四歳）で、その妻（六十三歳）と弟（六十三歳）が中心に切り盛りしている。お母さんも戦力、お父さんも少し手伝っている。創業からの話は母に聞いてくださいとなり、私が靴を買ったときに「とてもお似合いでしたよ」と言ってくれた年配女性がその方、松崎君子さんだった。

ロイヤルブルーのセーターがお似合い。「もう八十五なんですよ」とおっしゃるが、お世辞抜きに十歳は若く見える。

店の奥にある階段をすたすたと上がっていく、その後ろを追いかけた。革製のウォーキングシューズの売り場である二階を経て三階へ。そのフロアの奥が、棚に無数の箱が並んだ在庫置き場となっていて、手前が、事務机二つと、テーブルセットが置かれたプチキッチン。

「お茶でいいかしら」

「はい、ありがとうございます」

ガスコンロをひねってわざわざお湯を沸かし、急須からお茶を注いでくださったのだが、とろりとした甘味と香味が広がり、ことの外の味だ。思わず「うわっ、美味しい」と口走る。

「そう？　よかったわ。私、実家がお茶と海苔のお店だったので」

とにっこりされた。そこで、君子さんのお里の話から聞いてみる。

「根津（文京区）なの。お茶は静岡から買い付けましてね。卸です。私は七人姉妹の三番目でしたが、父に『拝見盆《はいけんぼん》を持ってこい』と言われたものです。お茶っ葉の感触や柔らかさを見分けたり、茎が混じっていたら選り分けたりするのを手伝いましたよ。今もお茶が好きで好きで好きで」

六歳の六月六日から山田流のお箏《こと》を習った。母とよく洋画を観に行った。姉妹みな着飾って、上野の松坂屋の食堂に行くのも楽しみだった……。絵に描いたような裕福な商家のお嬢様育ちの方のよう。

「あら、こんな大昔の話をしちゃって。靴屋の話をしなきゃいけないのにごめんなさいね」と気遣ってくださるが、いえいえ。そんなお育ちが靴屋さんへの伏線だったのだ。

戦後、疎開先の静岡から女学校三年で東京に戻ると、父の店は続けられる状況でなくなっていて、父は早稲田に小さな店と住居を求め、出直しを図る。「私は勤めに出ることになりましてね。父の取引先だった、新宿の三越の筋向かいにあった海苔の販売店です」。

そのころの新宿って？　と、脇道の質問には、「それはそれはものすごい人でした。マーケットの風景とか、ドラマなんかでご覧になったことがあるでしょう？　お店の前の道路は露店がずらっと並んでいました」。

海苔の店の、曰《いわ》く「軒下三寸」を借り受けたのが、夫・清記さんが店長を務める「ミマツ靴店」。海苔より靴の方がたくさん売れたため、やがて海苔の店は撤退し、大家となってすべてのスペースをミマツ靴店が借りる。「靴のことなんてちっとも分からないのに、頼まれて、私、そこで働くことになっちゃったんです」。

君子さん、十七、八歳のときのことだ。

「主人はね、栃木の田舎から十四歳で出てきた人なんです。おじさんが阿佐ヶ谷の商店街で靴屋をやっていたので、そこへ住み込みで。ある日お店にいると、仙台・伊達政宗の末裔の方が靴を買いに来られて、『伊達家の玄関番になりなさい』って。そうして玄関番になったら、伊達家の奥さま方が『夜学に行きなさい』と電機大学へ行かせてくれたそうです。でも、やっぱりおじさんの靴屋に戻って。すると今度は『新宿に支店を出すから、店長になるように』と命じられたんですって」

後の夫となるミマツ靴店新宿店の店長・松崎清記さんは、君子さんより八つ上。ずいぶん働き者、という印象だったという。男性店員が九人もいて、君子さんは十人目の店員となった。

——その頃の靴屋さんはどんな様子でしたか？

83 「ミマツ靴店」

「もうすごかったです。どんどんお客さんが詰めかけて、（靴を）置くだけで、次から次にバタバタバタバタと売れました。今のお客さんのように悩まずに、サイズさえ合えば『これでいい』みたいに。どこの靴屋もそんな具合だったんじゃないですか」

後で調べたところ、「（革靴の）一九四八年の推定需要が二五〇〇足と見込まれたが、商工省の生産計画はその一〇〇分の一にも満たなかった」（竹沢遼子著『菊地武男の靴物語』より）らしいから、需要が供給をはるかに上回っていたのだ。皮革製品販売統制が一九五〇（昭和二十五）年まで続き、ヤミ市では粗悪材料で作られた靴が高値で取引されていた時世である。「紳士靴も婦人靴も、浅草あたりの製造業者から仕入れていた」というミマツ靴店の繁盛ぶりは半端でなかった。

「進駐軍もよく来ました。パンパンみたいな女の子を連れてきて、その女の子にハイヒールを買ってやっていましたよ」

——ええっと、つまり、職場結婚をされたんですね？

頷いた君子さんが、「恥ずかしいから、嫌ですよ、書いちゃ」と笑ったけど、少しだけ書かせてくださいね。

君子さんが勤務を終えて帰ろうとすると、棚の上に置いていたバッグの脇に、来る日も来る日も栗饅頭や洋菓子が添えられていた。家に持ち帰ると、妹たちが喜んだ。それが清記さんのラブコールだと気づく前に、お母さんが「お礼をしなくちゃ」と伊勢丹でネクタイとワイシャツを買って店に来て、清記さんに手渡した。そのお母さんが、「あの靴屋さんと結婚しなさい」と言い残して急死した——。

かくして、君子さんは「二十歳の誕生日の少し前」という若さで結婚。しばし専業主婦となり、新宿区内の家で三人の子育ての日々を送るも、「店をしたくてしたくて仕方なかった」のだそうだ。

君子さんの念願が叶い、清記さんが暖簾《のれん》分け的に神保町で独立したのは、一九五八（昭和三十三）年頃（「頃」がつくのは、記憶が確かでない、とおっしゃるため）。夫婦二人三脚の靴屋が始まった。神保町なのは、阿佐ヶ谷のおじさんの知り合いが神保町で洋品店をしていて、「貸し屋がある」と紹介されたからだそうだが、図らずも地の利を得た。

「日大、明治、中央……。大学生がいっぱいでしょ。あの頃の学生さんは、詰襟の学ランに、プラスチックの白いカラー、金ボタン、長ズボン。それに革靴だったんですよ、みんな。紐つきの革の学生靴がひっきりなしに売れました」

神保町は学生街だったと君子さんは述懐する。学生服の店が数多くあり、空に宣伝のアドバルーンがゆらゆらと上がっていた。学生靴の店も、すぐ近くに五軒、神田エリア全体では二十軒以上あった。

「そうこうするうち会社が増えて、お勤めの人たちも大勢になっていったでしょう？　あ、そうそう。小学館に集英社に岩波書店……。出版社が多いから、路地に小さな印刷屋さんがいくつもあって、暮れには、『好きな靴を選びなさい』と五、六人の従業員を連れて来る社長さんがずいぶんいましたよ。お正月休みに、新調した革靴を履いて田舎に帰らせてあげる習わしだったんでしょうね」

店の従業員はいつも八人ほどいた。店の階上に家族五人で暮らし、君子さんは「真面目で働き者」の夫を支えて、「住み込みの従業員二人のお母さん代わり」の任も負いながら年中無休で駆けた高度経済成長期は、忙しすぎて記憶も点々だ。隣は鰻屋、裏は風呂屋。八百屋も肉屋も魚屋もすぐ近くにあった。瓦屋根だった。白山通りの都電にひょいと乗れば日本橋と巣鴨へ、靖国通りの都電は早稲田へと地続きだったから、「地下鉄が通るとき、お客さんが地下に行くと路面のお店がダメになると、小売店がこぞって反対しましたね」。

おっと、神保町を潜った第一号である都営地下鉄六号線（現・三田線）は一九七二年の開通だから、話はもう一九七〇年代に飛んでいる。君子さんにとって、十年、二十年など「瞬く間」だったのである。

店に並ぶ靴の値段については、「昭和五十年頃、七、八千円じゃなかったかしら。息子たちと一緒にやるようになるまで、一万円を超えると高いという感じで、安いものを中心に売っていたんですが、あの子たちが〝足入れ〟のいい靴に（商品構成を）変えていってくれました」。


と、そこまで聞いたところで、階下の売り場へ。

キャリーバッグを持った男性客（六十五歳）が、ロックポートの二万円台のカジュアルな濃茶色の靴を買い、それに履き替えている最中だった。

「今から、秋葉原で仲間と飲み会なので、新しいのを履いていこうとね。私？　インドネシアに住んでいて、年に二度帰国しますが、その度にこの店に来るんです。靴はこの店でしか買わないから」

なんと三十年来の常連だという。元商社マンで、定年後に「インドネシアの財閥の人から頼まれた」という、七百人のワーカーのいる自動車部品製造会社の社長だった。

「三十年前にこの店に初めて来たとき、やっとたどり着けたと思いましたよ。この店の回し者じゃないけど（笑）、これだけ気持ちよく、いいものを勧めてくれて安心な店、どこにもありません」

十八坪。売り場面積はそう広くなく、ブランド店のようなスカした感じと無縁だが、改めて見回すと、とりわけ紳士靴売り場は迫力がある。なぜか。じわじわと分かってきたのは「しっかりした靴」「色艶のいい靴」ばかりだということ。三割引の値札がつき、それでも二万五千円前後のものが多い。最も多いブランドはリーガル。あと、目につくのは、ロックポート、ラルフローレン、クロケット&ジョーンズなどインポートのものだ。目が飛び出る価格のものも潜んでいて、それは店の雰囲気作りのためなのかと訝《いぶか》しんだが、

「びっくりしましたよ。昨日、奥様と一緒に来られた五十代くらいのお客さんが、八万円台の靴をさっと二足をお買い上げになったから」と君子さん。

「トラディショナルな流れの中でやってきています。お客さんは（靴の）〝顔〟から入りますね」

ギンガムチェックのボタンダウンシャツを着た二男・猛さんが言う。「顔」とは見た目のことだ。擬人化は、トラディショナルな靴を「愛している」からこそと拝察。

「私たちの世代は、みんな普通にアイビー少年だったでしょう？　ＶＡＮに憧れたじゃないですか……」

地元・千代田区立一橋中学校（現・神田一橋中学校）は、遠方から「越境」して通う生徒も多かったといった話も出て、ちょっと背伸びして雑誌「メンズクラブ」を回し読む往年の中学生たちが目に浮かぶ。兄の年英さん共々、高校・大学時代から店を手伝ったのは「ごく自然」。バブル景気に向かう時期に家業に入り、高級靴のセレクトショップへとシフトさせていったのだ。普通はそのあたりの世代間ギャップで衝突するものだが、父の清記さんはまったく反対しなかった——。

仕入れは、見本市やメーカーの展示会で。売れ筋はどーんと四百足などの単位で入れ、色やサイズのために残ったら、うんと値引きして売ってしまう。それは世の小売のセオリーどおりだろうが、バブルが弾けても、リーマンショックに襲われても、「おかげさまで行き詰まったことが一度もなく、地べたを這うように上ってきました」と君子さんが言う。「利益率五割？」とふっかけると「ないない」だが、「二割？」には「それ以上はありますわよ」。

世代間で意見が割れたのは、十年ほど前。改装にあたって、君子さんが「床を御影石にしたい」と言い出したとき、「硬いんじゃないか」「冷たいんじゃないか」と息子世代からは非難囂々《ごうごう》だったが、押し切った。結果、高級感が出たばかりか「掃除しやすくなって、大正解でした」と、年英さん、猛さんが口をそろえる。

こうして話している間もお客さんが絶えず、尋ねると常連ばかりだ。しかし、店側がお客さんの名前を知るほどの関係ではない距離感。声かけも「サイズありますよ」くらいで、近づきすぎない。

リーガルの営業マンが来店した。「リーガルシューズの品揃えは、リーガルショップと変わらないですね」。近頃は、先が尖った「ロングノーズ」タイプと、先の丸いタイプが共存し、多様化した。目先の流行に左右されず、「私は私」の時代に入っていると教えてくれた。安価な靴は靴底を接着剤で貼り合わせて作られるが、リーガルシューズは縫い合わせる。ミマツ靴店に並ぶインポートものは、そんな「本物志向」のリーガルが「お手本」としてきたブランドのものだ、とも。


ところで、「足にやさしい靴」を打ち出したのはいつから？　と訊くと、年英さんの妻・由子さんが「3・11後です」と即答した。

公共交通がすべて止まり、多くの人が徒歩での帰宅を強いられたあの日、店に次々と女性が駆け込んできた。

「白山通りも靖国通りも、歩く人で歩道があふれていました。高いヒールの靴で遠方まで歩いて帰れないじゃないですか。低い靴やウォーキングシューズを買って、履き替える人が続出したんです」

在庫が尽きるまで家族総出で店頭に立ったあの日を境に、売り場が変わる。要所にコルクを入れるなど「足にやさしい靴」を追求するようになった製造業者も少なくなく、そうした婦人靴のセレクトに力が入ったのだ。

夕方五時を過ぎ、清記さんがゆっくりとした歩調で店に現れた。御年九十二。区の老人施設に行くのが毎日の日課で、道路向こうの自宅に戻る前に、店に寄るのも日課だそう。

足を止めてもらって、「お名前が松崎さんなのに、なぜミマツ靴店なんですか」と質問させていただく。

「ええと、それは大正時代に三人の松崎さんがいたからです」

その一人が、清記さんが十四歳から勤めた阿佐ヶ谷の靴屋のおじさん。もう一人は吉祥寺駅の近くで、あと一人もどこかで。一九三〇（昭和五）年にそれぞれ靴屋を始めた。三人の『ミ』、松崎の『松』から、三軒とも『ミマツ』と屋号をつけたのだという。

「もともとは足袋屋。江戸時代から続く『伊勢屋清兵衛』に勤めていましてね」と清記さんが続ける。

「三人の松崎さんは、駿河台下にあった、能楽師が買い求める老舗の足袋屋・伊勢屋で修業した足袋職人だったんですって。『これからは、足袋より靴だろう』と時代を読んで、三人で靴屋に転じたらしいです。足袋をルーツに靴屋になったたってこと。遡れば面白いでしょう?」と、これは君子さんの補足だ。

「戦後の新宿のお店、すごく売れたんですってね?」と清記さんに水を向けると、「何しろ売れて売れてー。いろいろあったなー。店の前が落花生屋さんだったなー。伊勢丹は占領されてたなー。マッカーサーが日本人は革靴を履いちゃいかんと、皮革統制しましたねえ」。

点々の語りは、とても穏やかな表情の中にあった。

「雑用に来てるんですよ」と、清記さんは二階に上がっていかれた。雑用とは、段ボールつぶしだという。その後、私は店の外観の写真を撮るために外に出たが、二階の窓際で、黙々と段ボールをつぶす清記さんのシルエットが見え、ほろっとしてしまった。

さて、ミマツ靴店はこの連載のタイトル「絶滅危惧」に似つかわしくない店だった。この秋まで接客をしていた三世代目の二人（年英さんの娘さんたち）が、今後増えるであろう外国人客への完璧な対応を目指して、目下カナダに語学留学中だというから、先々も明るそうだ。ちょっと気になるのは、「進んでいない」とはいいえ、店が東京都による白山通りの拡幅計画地に入っていること。「もし立ち退きになったら、廃業ですね」と年英さんが言ったのは、この連載タイトルへのリップサービスだと思う。

（2018・12）

吉祥寺ハモニカ横丁のジーンズショップ「ウエスタン」

「他にないものを売ってるって、評判になってね」

バルや居酒屋など約百軒の小さな飲食店がひしめき、昭和の風情たっぷりだ。ここは、吉祥寺駅の北口前に、扇状に広がるハモニカ横丁。通路は、すれ違うのがやっとの幅で、昼間でも薄暗い。うろうろしていた若いカップルが、「路地裏に入り込んだようで、面白い」と喜んでいたが、レトロ好きな人たちに愛されているようで、まずまず賑わっている。

そのほぼ中央に、ジーンズショップ「ウエスタン」がある。

店頭に、ヘインズの真っ白いTシャツがずらり。「ＳＡＬＥ」と書かれたカラフルなキャップやスウェットが、動物が着用しているユニークなイラストのポップ付きで並び、頑丈そうなトートバッグもぶら下がっている。

片側の入り口から入ろうとして、目に飛び込んだ「２０１８年　創業60周年　今後とも変わらぬご愛顧のほどよろしくお願い申し上げます」との張り紙に足を止めていると、

「なんだかんだと長くやることしか能がないもんで、六十年経っちゃいましたよ、まったくまったく」

恰幅のよい年配男性が語りかけてきてくれた。日刊紙の地域散策記事欄に「戦後、吉祥寺にきた。

『ヤミ市』の跡にバラックが立ち並んでいた……」と登場していらした、お会いしたかったその人だ。松井英明さん。八十三歳。濃茶のジャケットに濃紺のハイネック、胸元にベスト（かセーター）で真っ赤な差し色を入れておられ、決まってる。

「話を？　いいですよ、暇な店ですから（笑）。もっとも、私は携帯も持っていなくて、石器時代の人間だとウチのあんちゃんたちから言われるほど、頭はロートル化しちゃってますけど」と、年齢を感じさせない結構大きな声でにこやかにおっしゃり、「じゃあ二階へ」となった。

パーカーやカジュアルなシャツやパンツが詰まり、松井さんの口を借りると「あんちゃん」が三人いる一階を横目に、木の階段ならではの、とんとんとんという音を響かせて二階に上がる。そこは、四メートル四方ほどの広さで、棚にも平台にもジーンズが満載の小宇宙が広がっていた。

「ほら、マーケット（ヤミ市）の頃の面影、残ってますでしょ？」と指さされたのが、天井。黒くて太い梁がむき出しになっている。

「二十年ほど前に、ずいぶん汚れちゃったから黒く塗ったんですよ。天井の上？　瓦じゃなくて、ただのトタン屋根」

だから余計にニュアンスのある小宇宙なんだ、と思った。ジーンズの棚に「501　2013MODEL　ウエストが広がり、すっきりとしたヒップ周り」「502　REGULAR TAPERED　裾に向って軽く絞りのはいったシルエットです」などとフリーハンドのレタリング文字で書かれたポップが付されているのも利いていて、量販店のジーンズ売り場とはひと味もふた味も異なる空間だ。

「一階も全部、ジーパンだったんですがね、売れなくなったから二階に持ってきて、もうだいぶ経つなあ、おめ～さん」

二階にも一人いらしたあんちゃんが、「そ、そうですね」。

――リーバイスが多いんですか。

「多い多い。あと、ラングラー、リー、ビッグジョン、ハリウッドランチマーケットとか」

――六十年前の創業って、もしやこちらは東京で一番古いジーンズショップです？

「いや、そんなことはないでしょ。アメ横に一軒、渋谷に二軒ありましたから。でもまあ、続いているのはウチだけかな」

――ジーパンって何？　みたいな時代からだったんじゃないですか？

「いやいや、進駐軍が穿いてたからね。ウチ、婦人服店だったんですが、近くに同じような店がいっぱい出来てきて、こりゃ、やってけないなとなり始めたとき、そうだ、あれだ、ジーパンだと。商売替えしたんですよ。作業服的な感覚で売れるだろうと思ったら、若い子たちが群がってきて、作業服とは関係なく買っていった。マーロン・ブランドが『乱暴者《あばれもの》』で、ジェームス・ディーンが『エデンの東』と『理由なき反抗』で穿いて人気出たでしょう」

と聞いてから、「ジーンズショップの前史、もとい松井さんの履歴から教えてください」と相成った。

生まれは、下谷《したや》（台東区）。昭和通りに面した場所で、父が帽子屋を営んでいたが、「山の手の方がいいやってことになって、物心つく前に越した」荏原《えばら》（品川区）で幼少期を過ごす。小学校に上がると開戦。学童疎開で静岡へ、縁故疎開で岐阜へ。「荏原の家は（空襲で）焼けちゃったから、戦後、昭和二十二年に親父は池袋へ出たんですよ」との次第で、松井さんの元の「地元」は池袋だそう。

池袋西口の、今は公園と東京芸術劇場になっている、かつて豊島師範学校だった辺り。「あそこが、昔は三国人と言われてた戦勝国の人とヤーさんたちが仕切るマーケット」で、松井さんの父はその中で婦人服店を始めたのだという。

「昼間だけ店を出していた人が、夜に屋台を引いてきて、一晩明けたら、あばら家を作って住みついちゃってる。そういうのがしょっちゅうで、マーケットも激しかったけど、目の前を走る東武東上線もすごかった。ヤミ米を担いだ人たちが窓からはみ出して、しがみついて乗っていたね」

「焼け跡を、煙を吐きながら木炭バスが通ってるでしょ。まだ国産車がほとんどなかったのに、東京スタイルとか花菱とか婦人服メーカーのセールスマンはキャディラックに乗って、親父の店に来ていたんだ」

中学・高校時代は、「ついてこーい」と父に言われて、日本橋横山町（中央区）への仕入れについていくことも度々だったから、婦人服の知識がつく。

「モンペは、戦争中に女の人が着物の上から履いて、そのまま走って逃げるために考えられたものなんですよ。だから、上はダブダブで、下は詰まっている。そういうモンペしか持ってなかったおねいさんたちが、戦後、普段着を洋服にしていくんだから、どれだけ売れたか……」

松井さんは、そんな話をサクサクとしてくれる。衣料切符の解除は、父の店の開店三年後だ。

渋谷区内の私大に進み、遊びに行くようになったのは渋谷と吉祥寺。「新宿は大人の町だったから、避けてね。吉祥寺は、庶民的で自由な感じがしたんだ。気に入っちゃったね〜」。

池袋の父の店は弟が継ぎ、松井さんは大学卒業後、吉祥寺へ。

「井の頭通りを水道道路と言ってましたよ。玉川上水から和田堀給水場を経て淀橋浄水場へつながる土管が、道路の真ん中に盛り上がっていて、鉄条網が張り巡らされてたなあ」と一九五〇年代半ばの吉祥寺風景を述懐し、「マーケットも池袋とは違った。土地が月窓寺（吉祥寺本町の曹洞宗寺院）の所有だったので、戦勝国の人やヤーさんがお寺の許可を得て仕切っていて、お坊さんたちが見守ってた」とも。

吉祥寺のマーケットは、幾分、秩序的だったのだろうか。

BLUEBLUE
501 THE ORIGINAL
513
569 LOOSE STRAIGHT

「ハモニカ横丁って名前は少ししてから。小さいお店が並ぶのがハーモニカみたいだってことで、しゃれた名前になったんだけど、あの頃は『ドブ板横丁』ってみんな呼んでたね。通路の下に排水のドブが掘ってあって、板を載っけてたから」

そのドブ板横丁に、松井さんは「モード洋装店」という名の婦人服店を開いた。父の店で自然に培ったノウハウがある。ブラウス、スカート、ワンピースが売れに売れたが、先にも聞いたとおり、付近に同様の婦人服店が増えて、売り上げが落ちはじめ、「進駐軍が穿いてるジーパン」に目をつけたのだ。

「(吉祥寺の) マーケットに、ジーパンを穿いた米兵がじゃんじゃん来てたんですよ」

——立川基地から?

「分かんね〜。ともかく大勢来てたね。こんなこと言っていいかどうか。PX (基地内の売店) でバターやチーズなんかを余分に買って、それを横流しってか、休みの日に売りに来てたんだ」

——ジーパン姿がかっこよく見えました?

「もちろんもちろん。お客さんから『あれ、かっこいいね』なんて話も出てね」

だぶだぶの古びたズボンを穿いた男たちで溢れるマーケットに、ジーンズの米兵集団が交じり、チューインガムをくちゃくちゃやりながら、英文字の物資を売っていたのだろう。

松井さんは、輸入業者からアメリカの三大ブランド、リーバイス、リー、ラングラーのジーンズを買い付け、「ウエスタン」と改名した店に並べ、やがて国内生産を始めたエドウインやビッグジョンとも取引を開始する。

どうやって探して? などとその辺りを詳しく聞こうとすると、松井さんは店内の商品を端から端までおもむろに見回した。しかし、やや してから首をかしげ、「昔々のこと、もうぜ〜んぶ忘れちまってるな〜」とつぶやいた。

口の端《は》に上ったのは、渋谷と目黒に国産ジーンズのメーカーや輸入元があったことと、そういった会社から売り込みがどんどん来たこと。そして、一九六五年頃の上代が三千九百円だったこと。以上だった。一方で、ジーンズの蘊蓄《うんちく》はすらすらと口をついて出る。

「ゴールドラッシュに沸く一八七〇年代のアメリカ西部で、炭鉱の仕事に耐える丈夫で長持ちする労働服が要るってことで、生み出されんだな。インディゴ・ブルーに染めたのは、匂いだかなんだかのためにガラガラヘビを寄せ付けないから。ユダヤ系ドイツ人のリーバイスの創業者、リーヴァイ・ストラウスが、ジーパンの生みの親。『501』モデルの原型を作ったのが始まりだったんだね」

そのあたりの事情は私もなんとなく知っていたが、すらすら語りには、初めて知ることもわんさか出てきた。

「ジーパンはいかにもアメリカのものみたいだけど、ルーツはフランスとイタリアなんですよ」

はい？

「ジーパンの生地は本来、フランス。ニーム村ってところがあって——それフランスのどこって聞かれても、行ったことないから、てんで分かんね〜けど、リーヴァイ・ストラウスはジーパンにその村のコットンを使ったんだ」

ニームは、帆船や幌馬車の生地を生産していた町だったらしい。デニムの語源は、フランス語の「セルジュ・ドゥ・ニーム」。ニーム産のサージ（あや織り）という意味で、この「ドゥ・ニーム」が転じて、デニムと呼ばれるようになったとか。さらにジーンズという呼び方の語源は、イタリア語の「ジェノヴァ」。ニームからアメリカへの物流の経由地となったイタリアの港町ジェノヴァのことで、フランス語で「ジェーヌ」と発音され、それが英語に転じてジーンズと呼ばれるようになったそうだ。

「ラングラーは、馬乗りのために作られたから、馬に乗りやすいように、（生地の）織りがやわらかいんだ。リーはワーキング用、リーバイスはタウン用。今はリーもラングラーも、『江戸に勝つ』と名付けられた日本のメーカー、エドウィンがライセンス契約で作ってる」

　松井さんが「ジーパンの原点、『５０１』をおねいさんに見せたげてよ」とあんちゃんに言い、目の前に広げてくれる。フロント部分がジッパーでなくボタンだ。「着脱しにくくないですか？」と聞くと、「いや、こんなふうに脱げますし」とあんちゃん。

　びっくりした。一番上のボタンをはずして生地を引っ張ると、二番目より下のボタンを触る必要なく、一瞬にしてするすると下まで開いた。閉じるときも、下のボタンから順にやれば、すんなりいくと教えてくれ、ほんとかしらと試着してみると、あら、ほんとだ。

「理にかなっているんですよ。良い生地で作ったジーパンは、ボタンの可能性が強いと思ってください」と松井さん。

　洗うと生地は縮むが金属は縮まない。ジッパー使用のものは生地とジッパーの寸法に誤差が生じ、ヨレが出る。しかし、ボタン使用のものは、ボタンホールも同じ比率で縮むのでかたちが崩れないのだと、松井さん、あんちゃんこぞって説明に熱が入る。なるほど。５０１のボタンが、炭鉱労働者へのリスペクトから銅色だとも知って、心打たれるじゃない。

　松井さんは、引き続き、各社各モデルの生地の厚さや肌ざわり、ポケットの位置、ステッチの色と縫い方、模様など、似て非なる仕様の説明もしてくれ、その知識量もジーパンの奥深さにもおそれいるばかりである。

　裾を折り返したときに外側に見える裏側の縫い合わせの箇所で、「良いもの」が一目で分かる。「良いもの」の縫い合わせ部分には、反物の端「ミミ」の部分を使ったことを示す赤などのステッチが施されているという。「絶対にほつれない」上に、さりげなく見せる赤色などのステッチが、「ツウのおしゃれ」の証しだなんて。ジーンズ着用者を見る目が変わるなあ、とひとり言。

続いて、「もっとも今、世界中から『ジーパンをここで作ってもらいたい』と注目されているのは岡山県の児島《こじま》（現・倉敷市）。戦時中に軍服を作っていて、ゴツい織り機も技術もあったから、ジーパンの一大生産地になったんですね」とスタッフのあんちゃん、中川昌さん（四十九歳）から。実は中川さん、その岡山の出身なんだそう。棚に付したレタリング文字を書いていたのもこの人で、元々は版下制作業。その後、ファッションの専門学校に学び、注文紳士服制作の仕事に従事した後、約十年前からこの店に勤めているという経歴の人で、ミシンがけもお手のもの。

「百万円する」という、糸をループ状に縫うチェーンステッチ・ミシンがあって、「ウチ、裾上げだけじゃなくて、横幅の詰めもやってきたんだ。無料で」と松井さん。お客が百パーセント気に入る姿かたちでないと送り出せない、というプライドか。


さて、店の歩みに話を戻してもらおうとすると、「こんなちっちゃな店だけど、すんげえ売れたよ」と、松井さんの声がひときわ大きくなった。

「他にないものを売ってるって、評判になってね。なんたってジーパンの魅力は、これ一本で、ヨーロッパでもアメリカでもどこへでもかっこよく旅行できることよ。バイク乗ろうが自転車乗ろうが、山でタヌキと一緒に寝ようが、大丈夫じゃね〜か」

もしや、松井さんも若い頃タヌキと一緒に寝るタイプの旅をされたクチですか、と言ってみると「ないないない」と破顔一笑。「ジーパンが、自由、西洋、反抗みたいなものの象徴になっていったよなと続けた。ビートルズはジーンズを穿いて来日したし、学生運動に熱心だった人たちの着用率も高かった。

「中高生もお小遣いを貯めて買いに来てたしね」

そういえば、私にも「お小遣いを貯めて」の経験がある。あの頃は、息をとめてお腹を引っ込め、店の人にジーパンを広げてもらって、下半身を押し込んだサイズを買ってました。がんばってリーを買ったときは「それどこの？」と問われて「ほんのリーさ」とダジャレで見栄を張り、笑い合うのが（おそらく私の周りの狭い範囲で）流行ったりしたこともありました。と遠い目をした私に、「個人の好みも流行も、変わる変わる」と、松井さんはもっと遠い目をした。

「今、デジタルだけど、（自分たち世代は）そんなもの、ね〜時代ね、鉱石ラジオに『お〜聞こえる聞こえる』ってびっくりしたんだから。生業《なりわい》ちゅうのは変化していくってもんだ」

一瞬、話に脈絡がない、と思ったが、鉱石ラジオがデジタルに進化していったのと同じように、ジーンズ業界も変貌してきた。その中で自分は商いを続けてきたという意味だったようだ。

「おしゃれにジーンズを」的に様変わりした八〇年代には、「一日に百本売れた」と、松井さんの顔がほころんだ。アルマーニやベルサーチなどヨーロッパブランド、スタジオVなど日本に誕生した人気ブランドの高級衣料も販売アイテムに加えた。「調子に乗って、吉祥寺にもう一軒と五反田にも支店を出したんだけど、バブルがはじけて潰しちゃった」。

そして原点回帰し、この三十年間この店だけだ。その間、近くにジーンズメーカーの直営店が次々開店したが、撤退した。もちろん量販店も林立する中で、正社員とバイト合わせて常時七、八人を雇用して健闘を続けてきたのが天晴れだ。今も、正午頃からと午後六時頃から、それぞれ二時間ほどずつ自身も店に立つ。

ジーンズの蘊蓄はもとより、メーカーに作らせたというオリジナルの「スケーターソックス」を「ハーフパンツに合わせるとかっこい〜よ」、胸元に濃茶色のレザーのラインが入ったウエスタンシャツを

「生地はアメリカ製、仕立ては日本だよ」と若いお客たちにすすめる。嬉々として。

「この町はやっぱりいいよ。いろんな人と話せるの、楽しい。去年の夏だっけ、ＮＨＫの人が来たの。『ジーパンの小さなポケットは何のために付いている？』って訊くから、『コインを入れるため』って答えて、テレビに出たんだ。ずうっとそう思ってたんだけど、あれ、ほんとは懐中時計を入れるためだったんだって。チコちゃんに『ぼ〜っと生きてるんじゃね〜よ』と叱られちゃったよ。わははは」

今回、なんだか大雑把な取材になってしまったな、と悶々としていた取材の終盤、勤続二十五年の店長、渡辺克洋さん（五十歳）が、「社長、いつの間にか、べらんめえ口調になって。年のせいか、細かな話をするのがもう面倒くさくなっちゃってるんですよ」とこっそり明かしてくれ、「でも、我々スタッフに『紺屋の白袴でいろ』って、いいこと言うんです。お客さん、そして家族を第一にして、自分のことは二の次に、目いっぱい働けという意味。社長自身、そんなふうにして、ずっとやってきたんだと思います」と言った。

「働くことが人生そのものみたいに？」と返すと、「いや、社長は、趣味が洋服ですね」と。

そのやりとりがたぶん聞こえている距離にいた松井さんだが、聞こえないふりを決め込み、「おねいさん、これなんかどう？　あったかいよ〜」と、目と口の部分だけが開き、すっぽりかぶるニット帽を私に持ってきた。「いいですね〜。銀行強盗やるときに、ぴったりですね〜」と大笑いした。


（２０１９・２）

杉並区阿佐谷の「木下自転車店」

「いじり出したら、キリがなくてねえ」

私事ながら、先日、自転車の鍵を失くした。その自転車を買ったのは、イキのいいお兄さんたちのいるチェーン店だ。「三千円ちょっとで、新しい鍵に付け替えられます。持ってきてください」とのことだったので、鍵に閉ざされた後輪を持ち上げ、前輪だけを転がして、五百メートルほど離れたその自転車屋さんへ向かったときのことだ。

自転車は思いのほか重く、ああ、しんど。ものの一分で音を上げそうになったちょうどそのとき、「あっ」と思った。私はつい今、自転車屋さんの前を通ったよな、と。

ほぼ毎日、前を通っているのに、失礼だが、それまでその存在がなぜか意識の外だった。ガラス扉の中に新車だか中古だか分かりかねる自転車が詰め詰めに置かれた、早稲田通りに面した間口四メートル弱の店。すごすごと数メートル引き返してその店の前まで戻り、一歩だけ店内に入って、「すみませ～ん」と大声をあげてみた。

奥から、草色のウインドブレーカーを着たおじさんがおもむろに出てきてくれた。不機嫌なのかな、と窺える表情だった。

「あの〜、この自転車の鍵を失くしちゃったんですが、付け替えていただけますか。すみません、よそで買ったものですが」

「ああ、いいよ。どんなのがいいの」。表情は変わらないが、物言いはやわらかだった。

「シンプルで、できたら安いほうがいいんですけど」と私。

「じゃあこれだな」

その人は、右手の壁に掛かった十数種類の中から「1900円」とケースに大きくマジック書きされた鍵に手をのばし、ポケットから取り出した布で、少し汚れていたケースを拭いた。「もっと安いのもあるけど、軽くて、スペアが二つ付いてるコレがいいと思いますよ」。

後輪を輪っかで挟むように付ける、元のと同じ形態の馬蹄錠だ。

「はい、お願いします。お預けしといて、後で取りに来てもいいですか」

「いいですよ。ま、十分待ってくれたら、できるけど」

私は、突っ立って待つことにした。

その人は、工具を使って元の馬蹄錠を取り外す作業にとりかかった。お茶の子さいさいのよう。そりゃそうだ、これしき。

自ずと目がゆく店内が、なかなか強烈だった。

掃除はお得意じゃないんだろう、と思える十坪ほど。先にも書いたが、新車か中古か分かりかねる自転車が詰め詰めである。頭の上にもスポーツタイプの自転車が吊ってある。そればかりか、左の壁際の棚にサドルやペダルやスタンドやその他部品があっち向いたりこっち向いたりして並び、右手の自転車の上には前輪・後輪のホイールや軸などのパーツが山と積み上げられている。さらに店の奥のほうに、結構な量のタイヤがぶら下がり、最奥には細かな部品の数々が、地震が起きたら一溜《ひとたまり》もないだろうな。

その人が黙々と新しい馬蹄錠の取り付けにかかったタイミングで、「モノが多いですね〜。自転車屋さん、もう長いんでしょうね〜」と、背中に声をかけてみる。

「ここへは戦後すぐからだから、七十何年くらいですね、親父が」

手を止めずにそう言って、こちらをちらと見上げたその人は、不機嫌そうな表情でなくなっていた。

「戦前は、あっちのほうでやってたんだけど」と東側を指し、「いつからかは、書いたものないし、分かんない。聞いときゃ良かったんだけど」

「お父さまに?」

「そう。去年、五十回忌をした」

「しかし、七十何年って。その頃のこの辺りって?」

「早稲田通り、今の半分ぐらいに狭くてねえ、でこぼこの水はけの悪い道でしたよ。もっとも早稲田通りって呼んだのは、環七より向こうじゃないかな。ここは『大場《だいば》通り』って呼んでた。木炭バスが黒い煙を上げて走っていて、すれ違うのもきちきちでしたよ」

「わっ。そうなんですか」

「向かいが肉屋とパン屋。その並びに八百屋や布団屋、関東バスの営業所の前にガラス屋、角に酒屋とかがあって、一応商店街だったんだけど、その先が雑木林だったからねえ」

「雑木林……」

「でね、大型バスがすれ違うとき、女の車掌さんが降りて、オーライオーライってやるでしょ。そこの(旧)中杉通りでは、壁と電柱に挟まれて、車掌さんが死んじゃうっていう事故も起きてしまったんですよ。それに、道路はかまぼこ状だから、(店の入り口の)ガラスがすぐ汚れるし、バスがうちの樋《とい》に当たるんですよ。拭いても拭いても、直しても直しても、いたちごっこ」

意外にも話し好きだったようだ。では、と水を向けてみる。「自転車にも、いろいろな時代があったんでしょうね」と。

「あった、あった」と、その人。「昔は、自転車が社用だったからねえ。店屋も会社も、みんな自転車使ったもの」と、即座におっしゃり、「それ、モータリゼーションの前ですね」と返せば、

「そうそう。自転車が今の車の代わり――運搬車だったんだもの、オート三輪が買えるようになるまで。材木屋や竹屋、建具屋なんかはソクシャをつけて」

「ソクシャ?」

「側の車って書く側車、サイドカー。側車に細長い荷物を積んで運ぶ。それに、銀行員や普通の会社の人たちも自転車が営業車。あの頃のは三十年、四十年使ってもなんともない、頑丈。みんな、大事にしたしね……。そのうちに社用が原付オートバイに変わって、自転車屋もオートバイを主力にするようになって。うちもそうだったんですが、途中でヤんなって自転車中心に戻って……。バブル前がピークでしたねえ。専門雑誌に広告出したら、遠くからもお客さんが来てねえ。朝起きたら、今日はどんなお客さんが来るのかとワクワクしたものですよ。ところが近頃は中国製でしょ。ホームセンターや通販に出回って、売りっぱなしでしょ」

途中、私が二回相槌《あいづち》を打つと、一回手を休めてチラとこちらに視線を向けるといった感じで、作業しながらの立板に水。図らずも、七十何年の自転車販売業を取り巻く状況をぎゅっと絞った話を聞けた。ラッキー。

付け替え作業が完了し、可愛い鈴のホルダーについた小さな鍵を三つ手渡され、

「おいくらですか」

「じゃあ（元の鍵の）潰し代三百円もらって、二千二百円」

とのやりとりのあと、すぐさま私は「改めてお店の話を聞かせてもらえませんか」と申し出た。

後日、訪ねた。「木下自転車店」という。

あの日まで、私の目は節穴だった。歩道から見上げると、「自転車はナショナル」と懐かしい縦看板があり、軒の上には、「ツバメ自転車」、そして屋号と、なんと三桁の市内局番の電話番号を記した横看板も上がっていたではないか。東京二十三区の市内局番が四桁になったのは一九九一年だ。ラーメン屋とシャッター店舗（今年の初めまで食料品屋だった）の間。

「ここね、四軒長屋だったんですよ、もともとは。両隣が豆腐屋と瓦屋。住所表示変更で今は下井草だけど二十年ほど前まではこっち側が阿佐谷六丁目で、向かいが天沼《あまぬま》三丁目。両方の数字をとって『六三会』って商店会が、向こうのコンビニのあたりまでね。六三会は一応今もあるけど、店はうんと減りました」

ハイパーローカルな話から始めてくださった木下洋一さんは七十八歳だった。まっすぐに、こちらの目を見て話される。

何から質問しよう。改めて店内を見回し、「ほんとうにモノが多いですね〜」と、この前とまったく同じことをまた口にしてしまった私は、少しぎこちなかったと思う。

「お店の中、新車も中古車も混じっていますか？」

「そう。全部で四十台。今は、中古のほうが多いね」

「これもですか？」と、目より少し上の高さの壁面に掲げられた、ハンドルがクイッと下向きに半円を描いているスポーツ車を指す。

〈小さな旅のお供に　スワローランドナー

107　「木下自転車店」

クロモリフレーム　ブルックスサドル　スギノギヤクランク
日東ハンドル　アラヤリム　タイヤチューブパナソニック
特価　￥157、500――税共〉

と、きれいな筆ペン文字で書いた紙がくっついている。

「いや、これは新車」と、木下さんの目が笑った。

「この自転車、もう長くここに？」

「いや、五、六年かな。無理して売りたくないの」

貴重なモデルだそう。フレームの「クロモリ」は、錆びにくく、欠けにくい材質。サドルの「ブルックス」は馬具から始まったイギリスのメーカーで、上質の本革仕様。「合皮だと下着と皮膚が擦れてくるけど、本革は大丈夫。ブルックスのは、乗れば乗るほど、その人のお尻の形に合ってくる」と説明してくださる声が弾んでいる。

と、そのとき、外回りのサラリーマンのような中年男性客が、「空気入れのチューブ、分けてもらえますか？」と、来店した。

「ああ、ムシね。ありますよ」と木下さんが応える。横から「はい？」と私。「今の空気入れのチューブは合成ゴム製だけど、昔は天然ゴム製で、虫に似ていたから」と。

「緩んできている感じがしなくもないので、早めに替えておこうと思って」

「そりゃそれがいいね」

木下さんは、通路にはみ出した自転車のハンドルをよけながらゆるりと歩いて店の奥へ行き、雑然とした箇所から、ビニール袋に入った真っさらのムシを取り出してきた。財布から千円札を出しつつ「おいくらですか？」と聞くお客に、「百円」。

「えっ、百円でいいの？　なんか申し訳ないな」

「いい、いい」

続いて、「チェーンが動かなくなっちゃった」と年配女性がやって来た。木下さんは油を差し、トントンとやって動かし、「これで様子を見てみて」と言い、代金は要らないと受け取らなかった。四十年ほど前に買ってくれた自転車とのことだった。

そんな二幕があった後、木下さんが突然「ほら、これ見て。ヒビが入っているでしょ？」と、ドーナツ型の小さな部品を手のひらに載せた。

ハンドルの中央からの軸と、前輪のハブ（中央の芯部分）からの軸を連結させる部品だそうで、確かにくっきりとヒビが入っている。

「中国製のアルミ。見えないところにこういう安物を使うから、すぐにヒビがいくんだ。溶接も甘い。工作の度合いがお粗末。わざとすぐに潰れるようにつくってるとしか思えない、中国製は。もうちょっと若かったら、中国製品差し止め運動をやりたいくらいですよ」

と、お怒りだ。何年か前、常連の友人の息子さんが、折りたたみ式のコンパクトサイクル車を求め、しまなみ海道へ走りに行った。瀬戸内海にかかるしまなみ海道は、自転車専用道路が整備され、サイクリストに人気がある。走行途中にハンドルがぐらつくようになったと、帰京して持ってきた。木下さんが、その自転車を分解したところ、この部品にヒビが入っていることが判明したのだという。

「日本製だと、こういう大事な部分に、こんな安物のアルミは使わず、丁寧な仕事をするよ。メーカーにクレーム入れた」

これですよ、と木下さんが指した一台が、そのお客さんから引き取った後、ハンドルやフレーム、ペダルの軸の部分などを日本製の納得いくものに替えたものだそう。

「つまり、カスタマイズし直したということですか？」

「そう。いじった」

「で、これを新たに商品として？」

「いや、あまり売りたくはない」

ははー。新車か中古か分かりかねる自転車――の正体は、こういうことだったのかと分かってきた。買い替えなどで引き取った自転車を、自らの手でコツコツと部品を入れ替え、改良したものが、少なからず店内に置かれているのだと。

年季の入りまくった木製の三段式工具箱に目が釘付けになる。上段には、様々な大きさ、形状、素材のドライバー、レンチ、スパナをはじめ、呼び方の分からない工具がどっさり。その数、百や二百ではきかなさそう。二段目はパンク修理の道具が中心。下段はグリス（軋みやサビを防ぐ潤滑油）の缶がいくつも。そのうちの一つは、木下さんが自分で調合したもので、内容物は「内緒」と白い歯を見せた。

「いたずら半分（笑）。いじり出したら、キリがなくてねえ」

好きこそ物の上手なれ。密かに通な自転車屋さんだったのだ。


「明治三十九年、長野県飯田の農家生まれ」の父が、名古屋の呉服屋に丁稚《でっち》奉公した後、東京に出てきて創業したという。なぜ自転車屋だったか、どこで修業したかは「聞かなかったので不明」だが、一九四一（昭和十六）年生まれの木下さんの記憶にある生家は、すでに「まずまず羽振りのいい自転車屋」だったとのことで、飯田への疎開から戻ってきて間もなくに、今の場所へ。

「あの頃、早稲田通りに『馬力《ばりき》』も通っていた」の「馬力」は、荷車を引く馬のこと。馬は排泄物を道路に落とす。それを拾って集め、農家へ売りに行くことを生業《なりわい》とした人たちも見かけたという。そんな脇道話も面白かったが、私が寡聞《かぶん》にして知らなかったのは、当時の自転車小売店の形態が、今と全く違ったことだ。

「上野に卸屋があって、親父が仕入れに自転車で行くんです。たくさん積んで帰るために、一台より二台のほうがいいと、小学生のときから自転車を漕《こ》いで一緒に行っていました」

卸屋で仕入れるのは、タイヤ、車輪、スポーク、チェーン、フレーム、各種部品など自転車を構成する部材一式。「完成車」が流通するのは、少なくとも一九六〇年頃以降だと木下さんは言う。

「組み立てる技術がなければ自転車屋はできなかったんですよ」

組み立て用の工具の販売店は、木下さんの記憶によると「御徒町の一軒」だけ。上野で自転車の部材を仕入れたその足で、御徒町の工具屋へ回った。もっとも、出来合いの工具は十分でなく、自転車屋が鍛冶《かじ》をして自分専用の工具も作った。「刀鍛冶と一緒です。親父が、鉄に焼きを入れて強度を高くし、ハンマーやノミを使って、店の一隅でつくっていましたねえ」。

こうして出来上がった、例えば一九五四年や五八年の自転車は大卒初任給より高かったと、『値段の明治大正昭和風俗史』（週刊朝日編、朝日新聞社）にある。木下自転車店からは、大工の棟梁《とうりょう》や米屋、酒屋、燃料屋など商人たちに販売された。そして、販売店が責任をもって、車検のごとく「二、三年に一回の分解掃除」をしたらしい。

姉と弟、妹の四人きょうだいで、「跡取り」の木下さんは、商業高校を卒業後、都立職業訓練校の二・三輪自動車整備工科へ進んだ。「なぜ二輪・三輪？」に、「構造は同じだから」と答えた木下さんに、「ホンダが五〇ccオートバイ——原動機付自転車をつくったきっかけを知ってますか」と、逆質問された。いいえ、知りませんが。

「戦後、奥さんが浜松から遠くへ買い出しに行って、重い食料を積んで帰ってきて大変だったから、本田宗一郎さんが、陸軍払い下げの発電用エンジンを自転車の補助エンジンにつくり変えて付けたんですよ。ローカルエリアで売り出した『ホンダA型』などを経て、一九五八年についに完成した『ホンダスーパーカブ』が大ヒットした」

へ〜、と感嘆すると、さらにこんな話も。

「『山口オートペット』など他の会社の原付も売れましたが、『ホンダスーパーカブ』が一気に普及したのは、遠心式自動クラッチに連動するトランスミッションで、片手運転ができたからなんですね。蕎麦屋の出前持ちが、片手で運転できると」

そのような情勢の中、職業訓練校を卒業し、整備士の免許も取得した木下さんが店に入ったのは、町の自転車屋さんがこぞってオートバイ屋に変わっていく頃。木下自転車店もしかりで、自転車とオートバイの二本立ての店となった。スペースの関係で店には五〇ccを置き、カタログ注文で二五〇ccまで売る時代が十年ばかり続いたが、やがて木下さんは嫌気がさした。一括で払うのがきつい人のために、直接契約で日掛や月掛の割賦販売をしていたところ、約束どおりに払わず、難癖をつけてくる輩《やから》が続出したからだ。

「こんな人たち相手に商売やってられっか、となったとき、ちょうど空前のサイクリングブームがきたんです。大学生がアルバイトしてお金を貯められるようになった時代になって」と木下さん。六〇年代後半からだそうだ。そういえば七〇年代、ユースホステルに泊まると、自転車旅行をしている人が必ずと言っていいほどいたなあと私も思い出す。木下自転車店は自転車だけの販売に戻り、父譲りの職人肌の技術を以ってスポーツ車中心の扱いにシフトチェンジして大躍進――。

通学に、散策に、旅行に向くスポーツ車をセレクトする。マニアが欲しがる専門的な部品も置く。お客の望む自転車をカスタマイズする。そういった店づくりが功を奏したのだ。

「安いものでも七、八万、高いと十万以上のものが（月に）三回転した。天井から吊っていた六万円の自転車が落っこちてきて、頭から血を流して、救急車で運ばれたこともあったけど、私も店も元気だった」

常連になった人に、プロの競輪選手もいたという。ボルトを締める作業ひとつとっても、締めすぎても、締め方がわずかに足りなくてもいけない。その加減を体で知っている熟練者に、いかなる後進もかなわないのだと、あとで自転車文化センター（品川区）の人に聞いた。

「やっぱり私はスポーツ車が好きだねえ」と木下さんはしみじみ。ハンドルとサドルの下、サドルの下とペダルの付け根、ペダルの付け根とハンドルをつなぐ三つのフレームの間を「ダイヤモンド」と言い、正三角形に近いほど強度が高い構造だと、理解が鈍い私に繰り返し教えてくれ、そのタイプの自転車を三台見せてくれる。

サイクリングブームは、バブル期前後に終焉を迎えたそうだから、その後の三十年間は、常連だった人のシティサイクル等のメンテナンスと、引き取ったスポーツ車を「いじる」ことが主な業務。まるで社会貢献のように運営を続けてこられたのだ。

ふとしたはずみに、「店をやめたら、博物館をつくりたいんだ」と木下さんが言った。「ゴミに見えても、宝の山だから」とも。店の右奥に、全ての部材を個々に自分で選りすぐって組み立てた「26ランドナー」と名付けたかっこよすぎるオリジナル自転車が光り輝いていると、五時間滞在の最後の最後に知った。

（２０１９・11）

杉並区西荻窪の「須田時計眼鏡店」

「好きだね～。この仕事」

中央線西荻窪駅の南東。本屋、コーヒーショップ、プラモデル屋、リサイクル着物店などがちらちらと並ぶ神明通りに「須田時計眼鏡店」がある。

アイボリーのコンクリート外壁に、「時計」「メガネ」「宝石」「須田」と濃緑色の文字板が凸《つぼ》むファサード。外観が、まずもっていい。宝石がきらめくショーウインドーを覗きつつ、ガラス戸を開けて「こんにちは」した。西荻窪在住の知人から「ずいぶん古くからやってらっしゃる腕利きの時計屋さんよ。ご近所サロンのような」と聞き、電池切れした腕時計をカバンに入れてやってきた。

店内は、向かって左手に宝石、右手にメガネが並び、一番奥が時計のスペースだ。壁に掛け時計、壁にくっついたガラスケースに置き時計、そして、手前に腕時計がずらりのローケース。その間で、白髪の男性が分厚いレンズをメガネの上に付け、作業机に向かっておられる。右手では、小さなテーブルを囲んで、ご婦人四人が集い、お茶の時間の真っ最中だった。

「いらっしゃいませ」

四人のうちの赤いロングカーディガンの方（後に、店主の妻、須田峰子さんと判明したので、以下「峰子さん」と書きます）が立ち上がって優しい笑顔で迎えてくださり、「お父さん、お客様よ」と朗らかに。

その「お父さん」こと店主に、本誌を見せて取材させてほしいと軽くお伝えしてから、「お客さんにもなりたいんですが」と申し上げ、「これ、洋服屋さんで衝動買いした時計で、どこのメーカーのか分からない上に、しばらく使ってなくて、池袋のデパートで無理と言われたんですが、動くようになります？」と例の腕時計を見せる。

「う〜ん、電池交換ね」

「はい」

汚れたベルトをご覧になって、

「買ったの、ずいぶん前？」

「いつから使ってないの？」
三、四年前に買って、ここ一年くらいは使ってないんですが、などとやりとりを少々して、「少しお待ちくださいね」となった。
作業机の脇に、四十本はあると思われる細いドライバーが入った缶。壁際にはピンセットのような工具も五、六本掛かっている。それらを使って、時計の裏蓋が外される。手元を覗きたかったが、女性たちから聞こえてきた「え？　千ドルベビー？」「そうよ、一ドル三百六十円の時代に、千ドルベビーって言われたわ」なんて話の誘惑に勝てず。しかも、「どうぞおかけになって」と、峰子さんが椅子を用意し、お茶を出してくださったので、電池交換をお願いしている間、彼女たちと同席させてもらうことになった。

「皆さん、ご近所さんなんですか？」

「そうそう。みんなで喫茶店でコーヒー飲んでたんだけど、続きはウチでってことになって」と峰子さん。「しょっちゅうお邪魔させてもらってるの」と、グレーのアンサンブルの方。

「千ドルベビー」は、ピンクのセーターの方が、ロサンゼルスに住んでいた一九七〇年代初めの出産費用の話だと分かった頃には、「平成は戦争がなくて幸せだったけど、災害が多かったと天皇陛下もおっしゃってたわよね」「そうねそうね」の話に移行していた。さらに、「あの戦争を知ってる世代としては、もう絶対に戦争なんてしちゃダメだと思うわよね」「まったくまったく。わたし、知覧に行ったのよね。最期に『天皇陛下バンザイ』の人なんて、一人もいない。みんな『お母さん』なのよ」などと続き、もしや、他愛なくないご近所トークが始まる予感がしたのだけど、やはり。

「で、ごめんなさい。あなたのご両親は戦争で亡くなったの？」と、峰子さんがふんわりしたショートカットの女性に尋ねた。

「父は病気で死んで、母ときょうだい五人は、そう、三月十日の大空襲で。実家、亀戸の近くだったから」

「まあ、ショックだわね」と、皆さん。ちなみにこの日は、三月十四日だった。

「七十四年目だって。ついこの間、両国の慰霊堂の合同法要に行ってきたけど、あそこ行くと涙出ちゃうわね。みんな川に飛び込んだりして、大変だったのよね」

えっ、両国に慰霊堂というのがあるんですか、と思わず私が口を挟ませていただくと、

「そうなの。国技館の近くの被服廠跡にあるの。隣に住んでた叔父は、全身火傷で助かって、軍隊のトラックで千葉の病院へ運ばれる途中の船橋の宿で、空襲に遭って死んだの。だから叔父の遺骨はあるけど、家族みんなの遺骨がない……。誰のだか分からないお骨が十把からげて、慰霊堂の裏に入ってるのね。大空襲の後、いったんあちこちの公園に遺体を埋葬して、何年かしてから出して、火葬して合わせ

て納骨された都の施設なの。元々は（関東）大震災で亡くなった人たちの遺骨が納められてたところだったんだけど、併せられてね」

「助かった人が一人でもいれば、誰の遺体か分かるだろうけど、全員が亡くなってたら分かんないものね」とピンクのセーターの方が受け、「その慰霊堂のこと、すみません、初めて知りました」と私が言うと、「（3・11の）震災関連の報道の時期と重なって、新聞にも載らなくなってるものね」。

「ごめんね、それであなたはどうしてたの？」と峰子さんが訊く。

「私は山形に集団疎開していたから助かったの。集団疎開は最初、米沢のお寺だったんだけど、米沢も危ないとなって、赤湯温泉りんご村というところへ再疎開してたの」

「じゃあ、終戦――ではなく私は敗戦って言うんだけど、敗戦は山形のそのりんご村で迎えられたのね。その後、どうされたの？」とピンクのセーターの方から。

「八月、九月と徐々に、親が（疎開先の赤湯温泉りんご村に）迎えに来るけど、迎えが来ない子は先生と一緒に待ってたのね。私は、神奈川県の部隊から通信兵で鹿児島に行ってた一番上の――十歳上の兄が十月に迎えにきてくれて」

「心細かったでしょうね。何年生だったの？」

「小学校二年。翌年の三月まで待っても迎えが来なかった子は、先生と一緒に上野まで帰ったって」

「まあ、そうだったの。私は母の里の茨城に疎開してたのね。敗戦は小学校四年だったわ。上野を通るとき天井の匂いがしてきたの。浮浪児たちに酷な匂いだろうと思ったわ。上野に、本当に大勢の浮浪児がずらーといたじゃない。忘れられないわ」と、ピンクのセーターの方。浮浪児とは戦災孤児など、戦時被害者の最たる人たちのことだ。

「私は一番上の兄がいてくれたおかげで、上野の浮浪児にならなかったけど……。兄もあと何日かで沖縄に行くことになってたらしいから、もうぎりぎり」

その後、親戚の家に引き取られ、遠慮して暮らした。やがて新婚の兄の家に転がり込んだ。お姉さん（兄の妻）は優しい人で、運動会の日に、ヤミ米を手に入れてきて、白米の弁当を作ってくれた。中学卒業のとき「（家族がいなくても）これからも私は生きていかなければならない」と子ども心に思い、手に職が必要と、親戚に「美容学校に行かせてほしい」と頭を下げた。十年間修業して、一九六一（昭和三十六）年に店を出した……。

こんなにも濃くてリアルなライフストーリーがお茶飲み話になっているとは、なんと濃い時計屋さんなのだろう。

その女性が続ける。

「お店をしていたときは、休みの日に重ならないと（三月十日の合同法要に）行けなかったけど、やめてからは毎年行ってるでしょ。去年までは、九時に着くと（慰霊堂の中が）満席で座れなかったのに今年は座れたの。遺族も減ってきてるみたい」

そうよね、そうよね、戦後七十四年目だもんね……から、お芋やスイトンを食べた、トウモロコシの粉はパンに加工してもパサパサで全然美味しくなかったなどと、それぞれの戦後の食糧難の経験談へ。

「でも、あなたはお若いから、ご経験ないでしょ？」と訊かれていたグレーのアンサンブルの方が「昭和二十年生まれ」とも、戦後に一世を風靡した歌手、安藤まり子の妹だとも。ああ、あの頃、歌は希望を与えてくれたわよね、といった話に流れ、峰子さんが上海の生まれ育ちで、敗戦後、父が軍属だった責任感から「皆を先に帰して、私たちは一番最後」と。一九四九（昭和二十四）年の最終の引き揚げ船で舞鶴に着いた、との話も、点々と挟み込まれた。

「す、すごい話がいっぱいで、今日こんなに放出しちゃったら、明日から話すことがなくなりません

119 「須田時計眼鏡店」

か」と言ってみたが、

「大丈夫よ。長く生きてたら、お話はいくらでも次々あるわ」

「それにね、すぐに忘れちゃうから、また何度でも同じお話をするのよ」

と、皆さん、若々しい声をお出しになる。

「さ、そろそろお夕飯を作んなきゃ」とお三人が引き上げられると、一言も発さずに作業をしてらしたご主人が顔を上げて、

「もう、記事を書けるんじゃない？　それぞれの体験、なかなかでしょ」とにっこりされた。

スゴいです――。今のお三人が毎日来られるんですか。

「毎日じゃなくて時々。私、シャンソンを習ってるから、お教室のお友だちとか、もっと若いお友だちとか、毎日いろいろな方が寄ってくださるの」と峰子さん。皆さん、お客様でもいらっしゃる？　の問いには「いろいろよ」。

「若いうちは、食べるために商売してきたけど、九十すぎるとね、もういいの。世の中に恩返しするために働いているの。すべてに感謝です」とご主人。

ええっ？　九十すぎてらっしゃるんですか。と反応せずにはいられない。紺とグレーのダイヤカットのセーターにネクタイをきりり。目も耳も体もしゃきっ。「大正十五年生まれ、九十三歳」ですって。

「ハイ。時計、動き出しましたよ」

と、先ほど預けた腕時計を手に、「面白い機械が入ってましたよ。ずいぶん昔のだったけど、名の通っているメーカーの機械だったから、大丈夫」。電池交換をしている時計屋はゴマンとあるが、ただ電池交換しただけなら、また止まってしまう可能性が大きいのだそう。「サビを落として掃除して、他の不具合も調整しときましたから」と、さりげなく「自信」の言葉付きで、時計を受け取った。

「ハイ。八百円です」

や、安い。

須田喜八郎さん。「昭和二十五年」に開業したそうで、時計屋さんの主《あるじ》歴、なんと六十九年である。

「好きだね〜、この仕事。こういう時代だから、そうそう売れないけど、修理いっぱい持ち込まれるからね〜」

——一つの修理に、どれくらい時間かかるんですか？

「一時間でできるのもあれば、一日かかるのもありますね」

——一日中、その作業机に向かって？

「そうそう、そうですよ。イヤになったこと？　一度もないな。あくまで時計屋」

裏蓋を開け、電池を取り出して電圧を測定する。外枠を外し、文字盤や針を傷つけないように注意して、工具で針を取り外す。リューズ（ゼンマイの巻き上げや、時刻・日付の調整などを行う部分）と中枠を外して、ムーブメント（機械の運動部分）を取り外して、ケースは洗浄し……に始まる時計の緻密な分解の仕方をご教授いただいたが、私には難しすぎて、「時計って、幾つの部品で構成されているんですか」と訊いてみる。

「勘定したことない。時計の学校に行ったら、そういうの教えられるんだろうけど、オレには分かんないな。基本は一つ。止まってるのが動くようになったらいい」との答えは、現場主義を貫いてきた職人の矜持だ、きっと。

「叔父が荻窪で時計屋をやっていたから、修業させてもらって。他にもいくつかの時計屋に勤めましてね。一番アレなのは、銀座の松屋。時計の修理部で、構造、直し方、勉強したな〜。オレも入れて十一人いたな〜」

——それって戦後ですか。

「戦後すぐ、ね。松屋から有楽町の駅まで、屋台がずうっと並んでたんですよ。仕事終わったら、仲間が屋台に吸い込まれていくんだ。一緒にいたら、給料全部なくなっちゃってダメだと思った（笑）」

休日は釣りに出かけた。釣り友だちが、おじさんが建てた「西荻の貸家」に入るように勧めてくれ、独立したのだそう。

「開業資金二十五万円で、貯金十万円しかなかったけど『十五万円を一年以内に返すなら、貸してやる』ってことになった」

「組合に入るじゃない。そしたら、『ウチで受けたけど、手に負えないからお願い』って、他の店からどんどん修理の依頼がきてね〜」

腕利きだから、と申し上げると、須田さんは「いえいえ」と言うも、頬が思い切り緩んだ。


群馬・桐生の出身だそうだ。時計屋さんになる萌芽は、子どもの頃にすでにあった。

「好きだったね、分解するの。叔父さんが持ってきた時計をバラバラにして壊しちゃって、怒られたよ。絵を描くのもモノを作るのも、器用だと先生に褒められた」

高等小学校を卒業。「もう学校とお別れかと寂しかったね。だから、求人の会社に『学』の文字が付いてるところがあって、これはいいやって勤めたら、工場だった（笑）」

一九四一（昭和十六）年、集団就職で、板橋区の東京光学機械株式会社（現・トプコン）へ。上京して着いた最寄駅は王子区（現・北区）の赤羽駅で、「家はあったが、畑が多かった。でも、ここが東京の中心だと思ったんだから、笑っちゃうよね」。

その当時の東京光学機械は、陸軍省関連の潜望鏡や計量器、照準器などを作る会社だった。三か月間の講習を受け、試験に合格して技能者養成所へという社内エリートコースを辿った十六歳の須田さんは、レンズと部品を組み合わせる調整工場に配属された。

「当時の写真を見せてあげるよ」と出してきてくれたのが、工員服を着た若者が百人以上の集合写真。

「これ、靴を履いてるけど、靴を履くのはよほどのときで、普段は下駄か草履。寮から懐に草履を入れて、調整工場まで裸足で走って通ったんだ。うっかり草履の裏に水でもついてしまったら、リノリウムの床に傷がつくから」。それほど神経を使う部署だった。

「仕事は好きだったね〜。青年学校も楽しかったね〜」と、須田さんは繰り返し、「矢島鐘二《かねじ》先生の指導を受けたことが、その後の一生を決めた」とも。矢島鐘二先生とは、「西の鳥取、東の群馬」と言われた群馬の学校体育を創り出した指導者。「長時間の正座」「上半身裸での体操」を課すなど精神論を重視した体育指導をして、名を成した人だという。東京光学機械の寮の舎監長に招かれていた。

「ウチに住み込みの従業員がいた頃、矢島先生方式で教えようとすると、逃げて帰られちゃった……」

真面目、まっすぐ、品行方正。

日曜は「荒川で釣りをするか、浅草とか神保町へ行くか、だった」とのことで、えっ、神保町へも？

「本屋に行ったんですよ。（故郷の）群馬・桐生は、講談社の創業者、野間清治さんの出身地でしょ。野間さんが寄付されていたみたいで、子どもの頃からラジオ体操に行ったら、本がもらえた。運動会でいい成績でも本がもらえた。だから、本が好きになって、特に偉人伝を貪るように読んだんだ」

「その頃に神保町で買った、宝物の本を今も一冊手元に持っている」と、年季の入った本を見せてくれた。

金箔のデザインを施したハードカバーの『ニコ〳〵全集』（不動貯金銀行頭取　牧野元次郎著、弘學館書店)。「昭和二年発行、昭和十年改版第二百十版」とあるから、当時の大ベストセラー本だったのだろう。目次に「今日一日腹を立てぬ事」「慾寡《すくな》きはニコ〳〵の基」など処世訓が並んでいて、須田さんのお人柄に重なるじゃないか。

しかし、「工場の敷地にある皇大神宮の前で、毎朝、『私たちはお国のために一所懸命に働きます』と唱和させられるんだけど、違うだろ、オレたちが一所懸命働くと、結局、社長が儲かるんじゃんと思ったよ」という話も出てきた。軍需工場だから、兵役免除となり、戦争には行かずに済んだ。

――日本は勝つ、と思ってました?

「ぜんぜん。オレたち子どもが作った兵器を使ってるんだもん、勝てるわけないと思ってたね」

工場で聞いた玉音放送は、「忍び難きを忍びー」の部分しか聞き取れなかった。それでも「負けた」と分かり、「これからどうしようかなー」と思った記憶があると言う。

敗戦で工場は閉鎖された。十九歳の須田さんは母や弟、妹たちが待つ郷里へひととき帰るのだが、その際にも思い出したのが、四年前の上京のときの母の一風変わったはなむけの言葉「女は魔物」。

「(数え)十六の子に言うことですかね(笑)。トランプのババを想像したものです。母は『女は魔物だから、嫁をもらいたいと自分で探したらダメだよ。一所懸命に仕事をしていると、自分に応じた嫁さんを誰かが紹介してくれる。それまで待て』と続けたんですよ。ますますワケがわからなかったけど、実際、そうなりましたね〜」

戦後、荻窪の叔父を頼って再上京し、時計屋さんの道を歩むのは、先述のとおり。「時計屋さんにとっては(眼鏡と宝石は)オモチャのようなものでしょう」と問屋に持ちかけられ、扱う種類も増え、働きに働いてきた。最初の店から、駅に三百メートル近いこの店へは一九六二(昭和三十七)年に移転。

「根を詰めすぎた」五十歳のとき全身がむくんだので、山歩きを始めると「むくむく健康になっちゃった」。

「今も、毎週日曜は高尾山を歩いていますよ。次の日も休息を取るために休め休めと言われて、月曜も休みにしたけど、休め休めと言った人たち、もうみんな死んじゃった。私は時計とも山登りとも相性が良かったんでしょうね～」

そんなこんなの話を聞きながら、ふと須田さんの手を見ると、つけてらっしゃる腕時計は非常にカジュアルなタイプ。「お客さんが要らないからと置いていったカシオの。これで十分です」と、イカしたことをおっしゃる。店内での販売も、一万円～三万円が中心だ。

（2019・3）

葛飾区亀有の「栄眞堂書店」
「この世界は〝底なし〟だから」

町の本屋さんが減ったというニュースをいやというほど目にしてきた中、私がしばしば利用してきた自宅最寄りの阿佐ヶ谷「柏木堂書店」の店頭に置かれた雑誌ラックが空っぽになっていたのは、今年の三月末日だった。覗くと、店内に「閉店のお知らせ」の張り紙があった。その日、書棚には従来どおり本が並んでいて、奥の帳場に店主がいらしたので、尋ねると、「御茶ノ水のトーハンの店売所が三月末で閉鎖されましてね、仕入れできなくなっちゃったから」とおっしゃる。

トーハンは、出版取次の大手。「店売所」というのは、中小の本屋さんが、自力で仕入れに行く仕組みのところだそうだ。店主は茶色いカバーをかけた新書版の本を手にしてらしたが、そのカバーをおもむろに剥がす。『幸福書房の四十年』（岩楯幸雄著）だった。

「代々木上原の幸福さんも二月二十二日に閉められたけど、（トーハンの）店売所で一緒だったんですよ。このところは二十人くらいになっちゃってましたね、店売所を使う仲間が。うちは御茶ノ水まで定期券を買っていて、私か家内がリュックを背負って通ってました。神田村の小取次も回ってね」

「『ONE PIECE』を置けば置くだけ売れた頃がピークでしたねえ。店売所には、栃木とか関東一円か

ら仕入れに来ていて。整理券が配られて、『ONE PIECE』を一冊でも多く仕入れようと並びましたよ、あの頃。置けば置くだけ売れたから」

じ～んとした。創業して「まる九十年」。店は、一九二七（昭和二）年に、今の西新宿で開業した。空襲で焼けて、戦後に阿佐ヶ谷へ。店主は三代目だそうだ。

「私が継いで六十年。もう後期高齢者ですし、閉店の潮時がきたということ……」

しみじみとした口調だった。

店内の本は、その翌週にトーハンさんが引き取りに来て返本し、空っぽになるとのことだった。幸福書房の閉店はずいぶん報じられたが、こうして静かに閉じていく小さな本屋さんが、山のようにあるのだろうと心がひりひりした――。

電車の中で、ふとそんなことを思い出したが、かぶりを振って、亀有駅に降り立った。新御茶ノ水駅から地下鉄千代田線に乗ってきたが、十八分で綾瀬駅に着き、JR常磐線に乗り換えて一つ目が亀有駅だ。皇居を東京の真ん中とすると北東。松戸（千葉県）の二駅手前にあたる。

北口を出ると、右手を上げてワハハと笑った「両さん」の像が立っていた。

そう、ここは『こちら葛飾区亀有公園前派出所』の舞台となった下町の匂いムンムンの町。ロータリーの向こうに見える、褪せた黄色の大きなテントが、今日訪ねる栄眞堂書店のファサードだ。本屋に詳しいライターの南陀楼綾繁さんが、ムック本で「ディープ&まっとうな駅前書店」と絶賛していて、知った。

近づいて、一般週刊誌と女性誌とエロ系雑誌がほぼ同じくらいの量でずらりと並ぶ店頭で、テントの内側の軒を見上げると、「結婚したら　主婦の友」と横書きされた、これも褪せた看板が覗く。見るからに、昔からある駅前書店の趣に、いいねいいねと喜んでいる場合じゃなかった。十坪ほどの店内の全域が、「あれ？　ここ、古本屋？」と勘違いしそうなほど渋い。

入って右手の棚に、「飲み歩き・食べ歩き」「犯罪・裏社会」「風俗・夜の歩き方」「江戸・東京をあるく　昭和の街角」「ガロ系・特選コミック」「書誌・雑学」「トイレはどこだ」などと手書きされた仕切り板。単行本も文庫もごちゃまぜに、しかも新刊も、刊行年が相当古い本も隣り合って並んでいる。既読の本を見つけると、妙だがうれしくなる。そして、その近くにささった本を次々と取り出してしまい、動けなくなる。と同時に、どこからか誰かの視線を感じるぞ、ときょろきょろ。壁の上から、レコードジャケットの島倉千代子や藤圭子が微笑んでいたのだった。

店の奥に行くと、文庫と新書の棚。そこにもやはり仕切り板が挟まり、「宗教・神様・仏さま」「落語・芸人・大衆芸能」などの括りが続く端っこに「日本・日本人とは何か」とあった。そこからは『ふしぎな部落問題』（角岡伸彦著）、『被差別部落のわが半生』（山下力著）、『辺界の輝き』（五木寛之・沖浦和光著）、『弾左衛門の謎』（塩見鮮一郎著）などが目に飛び込んできて、「おっと、そう括ったか」とニヤリ。ちくま文庫と河出文庫の占める割合が高い模様。さらに、少しの古本と多くの古レコード、レトロなラジオやおもちゃといった雑貨も入り混じって、並べられてもいる。一方、店の奥を左手に回ると、色とりどりのエロ系雑誌も散見される。

むちゃくちゃ面白いですね。〝濃い〟ですね、と銭湯の番台型の帳場に座る店主に声をかけると、ひょいと通路に出てきてくれた。

「徐々に、アンテナのばして自分で棚を作ろうとやってきてね。まだまだ途中。この世界は〝底なし〟だから」と、にこやかな面持ちでおっしゃる。

塚越則行さん。還暦を迎えたとのことだが、濃紺のエプロンの下にストライプのシャツとチノパンが似合い、若干若く見える。

――底なし？

「そう。これがベストというふうには、何年経ってもいかなくて。仕入れたい、と短冊（注文のスリップ）をいっぱい書くんですが、そのうち七割は、でもやっぱり無理と諦めるんですね。そういうジレンマもあるし」

――小説はほぼゼロ。流行りの本とかベストセラーとかじゃない本ばかりですよね？

「そうそう。ざっくり言うと、サブカル、下町、風俗、アート、文化。いろんなところにエロをちょちょこ織り交ぜて（笑）」

――取次からの自動配本は断って？

「ええ。自動配本される本は、うちではまず売れないから。新刊本の一覧と、あと新聞や雑誌の書評とかを読んでメモしまくり、ネットで内容を調べて、こまめにファックスで注文してます。超アナログですよ」

――注文は、手書きですか。

「僕は、手書きでないと頭に入らないから」

――こういう括りにしたのは、いつから？

「二十年ちょいになるかな。それ以前は、もちろんごく普通の駅前の本屋だったんですけど」

と、話が回り出したところで、おまわりさんが二人やって来たので、塚越さんが「あ、ちょっとごめんなさい」と店先に出ていった。少しして、戻ってきてくれたので、おまわりさんは何しに来たのかと訊く。

「さっき、万引きがあったんですよ」

その万引き本が中央の台に積み上げられていた。エロ系の雑誌や単行本が、なんと二十二冊。若い男性が、紙袋にごっそり入れて店から出て行き、自転車に積んで去ろうとしたので、「ちょっとちょっと」と。駆けつけたおまわりさんが連れて行った。その人が「普通のサラリーマンで、初犯だった」と報告にきたのだそうだ。

「万引き？　たま〜にありますよ。この前なんか、高校生の男の子がエロ本を盗むのを見つけて怒ると、真っ青になってブルブル震えるから、『大丈夫か、横になるか』って心配して。その子のお母さんも知ってるから、かわいそうになって許してあげちゃった」

防犯カメラもなく、穏やかそうな店主が一人いるだけ。店内の雰囲気から、万引きしやすそうと思われがちなのだろうか。

「利益率、わずか二十パーセントちょっとだから、そうでなくとも本屋は儲からないのに、万引きされると困っちゃいますよ」

うなずきつつ、万引きといえば、「万引き家族」をご覧になりました？　と、つい。

「いや、まだ。映画観に行けないんですよ。年中無休で、朝十時から夜十時まで営業しているから」

配達に出る時間だけアルバイトに来てもらっているが、元旦と不祝儀以外、二十年以上ずっと店内にいると聞いて、驚いた。

「だって、毎日売り上げなきゃ、家賃もあるし、支払いができなくなるじゃない。人を雇う余裕なんてないしね」

その言葉つきが、むしろ楽しげに響いてくる。

「あ、正確に言うと、二十年間で一度だけ、五日間休んだな。カナダの大学に行っていた息子の卒業式に出たとき、五日間休んで、成田からまっすぐ店に戻ったけど、あとが大変だった」

LP

あら、息子さんを留学させられる経済状態なんだ、とひとりごちる。

「そうそう、休めないのは、コレもあって」と、帳場の脇に紐で吊ったＢ５用紙の束を、塚越さんが指差した。東武バスの「定期乗車券購入申込書」だった。え？　定期券も売ってるんですか？

「東武バスから委託されているの」

ちょうどそのとき、女子高校生が来店し、立ったまま、その申込書に記入する。塚越さんは、カードに「東京都区内全線」と「12月20日まで」のハンコをパンパンと押し、彼女の名前と年齢を手書きする。とんと見かけなくなった紙の定期券の出来上がり。

「定期券の売り上げ、昔は（月に）三百万円くらいあったの。でも、つくばエクスプレスが開通して、ずいぶん減っちゃいました。完全にＩＣカード化される日も近いだろうから、そうなるとお役御免になるだろうね」

栄眞堂書店の来歴を訊きたい――。

塚越さんの父、眞夫さんが一九五七（昭和三十二）年に開業した。世話になった日本橋の本屋、栄松堂と自分の名前を一字ずつとって、店名にしたそうだ。

「戦前、祖父は亀戸《かめいど》（現・江東区）で、足袋の販売卸店を手広くやっていたんですが、空襲で焼け、祖父も亡くなり、その時十六歳だった親父は茨城の親戚の家を転々としたらしいんです。戦中戦後の話は、訊いても話さなかったので、よく分からないんです」

父は日本橋の「べにや」という洋品店に勤めたが、本好きが高じて栄松堂に入り浸った。仕入れの仕組みなどを教えてもらい、ここ亀有で独立したらしい。今の店舗は当時のままだ。

開業翌年に生まれた塚越さんは、この店が生家。中学生のときに松戸に引っ越すまで、父母と弟二人の五人家族で、六畳、八畳、台所という間取りの二階に暮らした。屋根裏部屋もあり、そこは住み込みの店員さんたちの部屋だったという。

「二階の窓から常磐線を蒸気機関車が走るのが見えたことや、親父が日販の店売所に風呂敷を持って仕入れに通っていたことを、かすかに覚えているくらいだなあ」

高度経済成長期の亀有には、日立製作所、日本紙業（現・日本製紙）、三共（現・第一三共）などの工場があり、亀有駅はおびただしい数の工員が乗降したというが、栄眞堂書店は店員が必要なほど繁盛していたのか。

「佐賀潜の『民法入門』、塩月弥栄子の『冠婚葬祭入門』などカッパブックスが飛ぶように売れて、ピーク時は月に一千万円以上を売り上げていました」

月商一千万円で、本の平均単価が五百円だとすると、月に二万冊、一日に七百冊近く売れていたことになる、と頭の中で計算する。

「今はもう……その頃と比べものにならないですけどね」

父は商機を逃さない人で、この本屋のほかに、松戸でもう一軒の本屋とレコード屋、レンタルビデオ屋、埼玉でおもちゃ屋、喫茶店などを次々と始め、最大時十五店舗を数えた。従業員も増える。大阪万博に、バス一台を借り切って従業員らを乗せて行ったという。

いくつもの店をスクラップ・アンド・ビルドしたり、従業員や親戚に譲ったりという経緯を経て、長じた塚越さんも一店を任されたが、一九九四年に父が急死した後、父の商売のルーツである栄眞堂書店を継ぐことになった――。

そのタイミングを聞いて、はっとした。出版業界のピークは一九九六年で、それ以降はずっと右肩下がりだ。つまり、塚越さんが栄眞堂書店を継いで二年を待たずに暗雲が垂れ籠め始める。塚越さんがこれまで栄眞堂書店で歩んできた約二十年は、暗雲に抗う道のりだったのだ、と。ご本人は「抗う？　そんな大仰なこと、考えていませんよ」と苦笑するが。

先にも聞いたとおり、継いだ当時は、ベストセラー本や売れ筋の雑誌を置く、ごく普通の本屋だったが、継いで間もなく、TSUTAYAともう一軒の中型チェーン書店がすぐ近くにでき、売れ行きが落ち始めたのが、風変わりな店に変わるきっかけとなった。

「何か新しい店作りをしなきゃダメだな、と思うじゃない。まだその頃は従業員もいて、店を空けられたから、あちこち見て歩いたんですよ。塚越さんは真っ先に「上野文庫」の名を挙げた。

どこの本屋を？　と問うと、塚越さんは真っ先に「上野文庫」の名を挙げた。

上野の松坂屋近くにあった、古本好きの間で伝説になっている古本屋だ。『古本屋群雄伝』（青木正美著）にも、店主の中川道弘さんのことが「ツブシ本に価値を見つけた天才業者」との節タイトルで登場する。かつての古本業者が見向きもしなかった「一流でない古本」を見出して売るという方法を始めた人だという。

「戦前から昭和四十年くらいまでの落語、エロ本、思想、下町、江戸、アングラなどの〝とんでも本〟が大量に並んでいて、ぐっと惹きつけられたんです。中川さんがガンでお亡くなりになって、二〇〇三年に閉店するんですが」

アート本が多い中野の「タコシェ」、懐かしい昭和の雑貨を集めた谷中の「EXPO」、大型店では雑貨も本も揃える「ヴィレッジヴァンガード」など、数々の店の影響を受けたという。共通するキーワードは「個性的」「昭和趣味」だろうか。それは、塚越さんがもとより好きな分野だった。同じ頃、亀有駅の南側にあった、監督のトークが頻繁に行われるピンク映画館、亀有名画座の常連たちが店に立ち寄ってくれるようになり、彼らのアドバイスにも耳を傾けた。

マニアックな本を置く棚にシフトしていこうと決め、その棚の世界を補完できそうなレコードや雑貨も商品に加えてきたという。

「メモ魔なんですよ。ラジオで聞いたり、お客さんとの話に本の名前が出てきたりしたら、すぐさまそのへんの紙にメモをとって、手帳に書き写す。書評は切り抜きして、スクラップ。ネットで調べた内容を書き加えて、仕入れるかどうか考える」

こんなふうに、と見せてくれた手帳に、目が点になった。ページというページが、小さな文字で埋め尽くされていたのだ。スクラップは、「息子のお古」だという「ジャポニカ学習帳」に、歴史物、犯罪物などジャンルに分けてペタペタと。その隙間も脚注だらけで、雑学の宝庫だ。

それらの作業は、この帳場で？　と訊いたら、「もちろん」と。塚越さんはニコッと笑い、「あと、暇つぶしに、店でこんなのも描いちゃったりも」と、スケッチブックを取り出した。むむ。シュールな線画のオンパレード。プロはだし、と思わず言ったが、「趣味です。ちょっと変な」とケムに巻かれた。

変な、といえば、棚の仕切り板にあった「トイレはどこだ」って、変わったジャンルだ。

「古本屋を巡っていたときに、松沢呉一・のびきりのびいち共著の『ウンゲロ』という本を見つけたんです。帯に『生まれる時は糞まみれ、死んでゆくときゃまた糞まみれ、人間あるところに必ずウンゲロあり』とある、吐瀉物・排泄物についての考現学のような本なんですが、それからそっち方面の本にどんどん目がとまりだして。集めるのも面白いかな、と」

そんなふうに聞いていて、『何度でも行きたい　世界のトイレ』『おしりの秘密』『大便通』なんていうタイトルの本が二十五冊ばかり並ぶ棚を眺めた十五分後、全ての棚を凝視していた「普通のＯＬ」風の若い女性が、『10分後にうんこが出ます』（中西敦士著）という一冊を買っていったのは偶然中の偶然だろうか、類は友を呼ぶのか。

「そう。『お前のところは、変な客ばかり』って、お客さんに言われるんですよ」と塚越さん。

確かに――。この日、五時間滞在したが、「小田裕一郎が亡くなったから、サーカスの『アメリカン・フィーリング』（レコード）を出しといて」と電話をよこして長髪の居酒屋店主が飛び込んできて、小田裕一郎がいかに素晴らしいかを熱く語る。「健康保険料の滞納で、六十万円の差し押さえ状が来ちゃった」と、新聞社の校閲者だという赤いベレー帽のおそらく五十代男性がやって来て、「月十回もライブに行くのを減らしたら払えるじゃん」と応じる塚越さんと、私には外国語のように聞こえるノイズ音楽の話を延々交わし、「ミュージック・マガジン」を買って出て行った……。件の一連の棚からは、リュックを背負った中年男性が『ぽつん風俗に行ってきた！』（子門仁著）と『辺境酒場ぶらり飲み』（和泉晴紀・藤木TDC著）をお買い上げ。

土地柄に「下町っぽさ」を期待していた私は、それが色メガネだったと気付かされた。塚越さんは、シフトする以前の棚の並びや、その頃のお客を全く覚えていないと言う。二十余年間、毎日更新するには、過去を構ってなどいられないからだろうか。

無理をしないで無理をする。趣味の世界とも共振し、まっとうに商う。

「自分で自分の運命を変えられないタイプだから、可能な限りこのままでいくと思う」と、気負いなく塚越さんは言った。


（2018・10）

江東区南砂町の古本「たなべ書店」

「商売、遊ばなきゃ」

東西線南砂町駅（江東区）を降りて、地上に上がると、芝生が広がる公園に出た。満開の八重桜にスマホを向けて写真を撮っている若者がいて、その向こうには、お揃いの帽子をかぶった保育園児たちが「きゃっ、きゃっ」と声を上げて鬼ごっこをしている。春うらら。その公園を抜けて四車線道路を渡ったら都営住宅があり、一分も歩くと、細い道との角に「たなべ書店」が見えてくる。

初めてこの店を見たときは面食らった。五階建てのマンションの一階なのだが、側面が約十五メートルに渡って丸ごと「本の壁」となっているから。そして、『広辞苑』と『日本民俗事典』に挟まれた入り口を入ると、思わず「わ～」と感嘆のため息。ごちゃごちゃで、本が盛りだくさんなことに。

ちまたのおしゃれな本屋で流行している「面陳列」だの「間接照明」だの、くそくらえ（あら失礼）の感がある。ビニール紐で縛った漫画本のセットや、堆《うずたか》く積まれた浮世絵がまず目に飛び込み、見上げると、往年の邦画、洋画のパンフレットがずらり。そして、ハダカの蛍光灯の下、天井までびっしりの年季の入った木の本棚が五列、奥へと延々続いているのである。本棚合計百七十。オールジャンル。三十五坪に、少なく見積もっても十万冊。

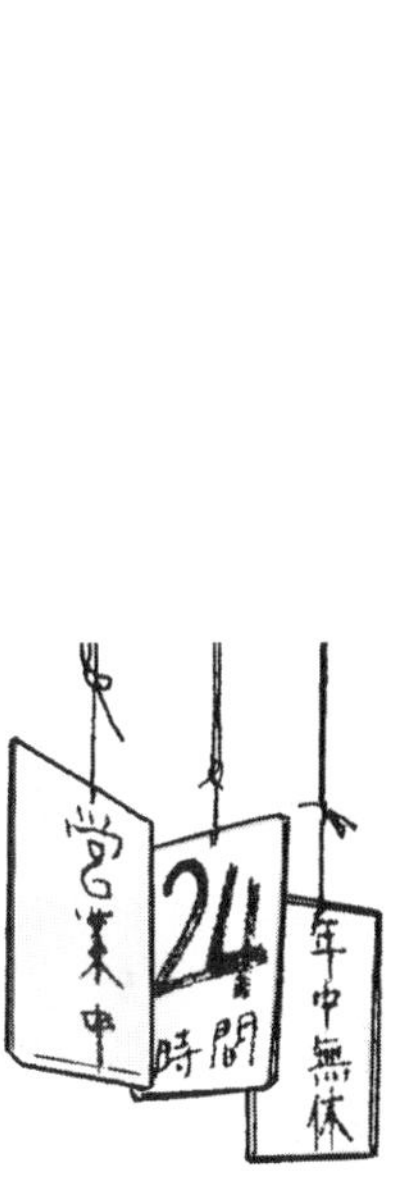

私は以前、夕刊紙の連載で都内の古本屋さんを二百軒以上巡った。その中で、印象強烈な店の第一がここなのである。めくるめく豪放な店の中で、あのとき、店主の田辺敏男さんが涼しい顔をしてこう言ったことが記憶に鮮明だ。

「用があるときは常連さんに店番を頼んで、三十年間無休営業」

「映画のパンフレット、百円から二十五万円まで、ね」

「この仕事、毎日えんまさんになって、売れない本に引導を渡さなきゃならない」

あともう一つ。店内の片隅の特等席に腰掛け、クロスワードパズル解きに励む常連さんがいらして、「ここへ来るのが日課」とおっしゃったことも。


今回、再訪である。

「お久しぶり。『三十年間休みなし』が、『三十三年間休みなし』になっちゃいましたよ」

と、レジのところで迎えてくれた、エンジ色のマフラーがお似合いの田辺さんが、「ね、スズキさん」と、振り向いた先に、かの常連さんがまたまた前回と同じ特等席に座っていらっしゃったから、三年間、そのまま時間が止まっていたと錯覚しそうだ。あ、でも、大丈夫。今回、スズキさんが手にしらしたのは、クロスワードパズルの本ではなく文庫本だったから。

「居心地、いいんですね？」とスズキさんに話しかける。

「本の背中の活字を見て、ぶらーっとしてると落ち着くんですよ。本、ぺらぺらめくって読ませてもらえるし。私の図書館のようなものです（笑）」

――やはり、今も毎日？

「そう。前からぽちぽち来てましたが、（銭湯の）番台に座るみたいに定着しちゃったのはここ十数年ですね」

――ええ～？　十数年？

「年とるとね、（時間の経過が）早くなるの。あれ、不思議ですね。朝九時過ぎにここに来るでしょ。十二時までいるの。家から？　一キロ弱ですね」

　ブランドのロゴが付いたグレーのTシャツをお召しになっている七十五歳だ。フルネーム、スズキミネオさんとのこと。「ミネの字は、山へんのミネではなく」とおっしゃったので、私が知人の名字を頭に浮かべて「この字ですか」とノートに「岑」と書くと、「いや、銀嶺の嶺。その『岑』はシンジンのシンですね」。

「シンジン？」と、ピンとこないでいると、「岑参」と書いてくれて、「中国の、唐の時代の詩人ですよ、杜甫とも交流があった」。

「唐？　七百年代？　日本でいうと奈良時代です？」

「そうですね」

　その方面にとんと弱い私に、「胡《こ》笳歌《かのうた》　送顔真卿使赴河隴《がんしんけいのつかひしてかろうにおもむくをおくる》」と達筆で書いてくださり、「岑参はこれが有名。ほら、書の大家で、高官の顔真卿が河隴という奥地に遠征に行くじゃない。そのときに贈った歌。向こうの方で、顎髭の長いコジンがいて、蘆の葉を巻いて作った笛のようなものでメロディーを口ずさんでいる。すごく寂しい歌なのね」

「コジンって？」と尋ね、「『湖』からサンズイを取った『胡』に『人』。当時の中国北方・西方にいた人たちのこと」と優しく教えてくださる。

「ほ～」と興味を示すと、「あ、ちょっと待ってて」と席を立ち、本棚の奥へひょいと消えた。

「スズキさんはね、役に立たないこと何でも詳しいの（笑）。うちの棚のことも、私よりずっとよくご存じなの」と田辺さん。
一、二分で、スズキさんは『広辞苑』ほどの大きさの本を手に戻ってきた。『唐詩解釈辞典』とある。「ほら」と開いたページに、七言古詩の「胡笳歌　送顔真卿使赴河隴」が載っていた。私が目を落とすと、
「君聞かずや　胡笳の声　最も悲しきを／紫髯緑眼《しぜんりよくがん》の胡人吹く／これを吹きて　一曲なお未だおわらざるに／愁殺す楼蘭《ろうらん》　征戍《せいじゅ》の児《じ》／涼秋八月　蕭関《しょうかん》の道……」

朗々とした声が響く。スズキさんの暗唱だ。途中で「楼蘭って、砂漠にあった国」などと、田辺さんも横から注釈を加えてくれる。

「情景が思い浮かんできます」と言うと、スズキさん、水を得た魚となる。あれやこれやの説明から、

「漢詩は面白いのよ～」

という話へと続いた。フィクションに見せかけて、史実を詠む。「詩史」というそうだ。

「そうそう、白居易の『長恨歌』は知ってるでしょ？　玄宗皇帝が、楊貴妃を息子から取り上げて、めろめろになって、政治を疎かにしちゃうじゃない。楊貴妃がどれほど男心をくすぐったかに始まるエピソードを、漢の武帝と夫人の物語に置き換えて詠んでいるよね」とも。聞けば聞くほど面白い、千二百年前の挿話をいくつもお話ししてくださるから、何者なんだ、スズキさんは、と思う。

「実は漢文の先生だったんですか？」

「いやいやいや。薄っぺらいですよ、私は」とはぐらかされた。

「彼の正体？　分かんない。現役の頃、何してたのって聞かないからね。（本の）買い取りを頼まれて家に行ったら、本だらけだったけど。いろいろあったんじゃないの」

田辺さんがそう言ったのは、「さ、今から帰って『徹子の部屋』と『やすらぎの刻《とき》』を見るんだ」と

文庫・単行本は駅前店へ

スズキさんが去った後だ。

「同じ時間に来るのはスズキさんだけだけど、他にもいますよ、毎日遊びに来る常連さん。アベちゃんとかアオキさんとか」

引き寄せの法則がありそう。インテリシニア男性に愛されまくっている店なんだ。と思いきや、「宮部さん、以前近くに住んでいて、うちによく来てたみたい」と田辺さん。宮部みゆきの小説『淋しい狩人』に、漢字の「田辺書店」が、登場しているそうだ。ちなみに、スズキさんと話していた二時間の間に、レジを打つ音が七、八回聞こえ、「これ、お金要らないので、引き取ってほしいんですが」と高島屋の紙袋を二つ提げて来た、おそらく三十代の男性もいた。

さて、「前に伺った二年半前から変わったことありますか?」と訊く。田辺さんは、パッと嬉しそうな顔つきになって、

「あるある。二つあります」

「宗教棚を作ったんですよ」と、まず浮世絵の山の隣の棚に誘導してくれた。パッと目に入ったのは、『ユダヤ人に学ぶ速学術』『大人の世界史』『神々の遺伝子』『小説「聖書」』。ざっと四、五百冊はありそうで、大型書店のそういった棚より多いかもしれない。

「パレスチナ・イスラム問題、長いじゃないですか。それに、働き方改革で、この辺りにも外国人がどんどん入ってきているし。ユダヤ、イスラム、パレスチナ、フリーメイソン、キリスト教も。世界の宗教についての本をまとめたんですね」と言いながら、上の棚に手を伸ばして取り出したのは、『悪魔の詩』上下巻。ムハンマド師を題材にとった、あの小説だ。英国人著者にホメイニ師が「死刑」を宣告し、戦慄が走ったのは三十年ほど前だったたか。

「翻訳者の筑波大学の五十嵐先生が殺害された事件、迷宮入りして時効が成立してしまってるでしょ。もう報道もほとんどされないじゃないですか。だから、こういう本もね」

　本屋の主としての使命感だな、と思った。売れます？

「ま、そこそこ。なんでだろうね、聖書がよく動くんですよ」

　もう一つは、「駅前店の方に」とのことで、田辺さんと一緒に先ほどの公園方向へ向かう。駅前店は、ごちゃごちゃの本店とは打って変わって、整然と文庫と新書が並ぶ二十坪。店内通路も、車椅子の人がスイスイ通れることを配慮した幅広。

　着いて、笑った。

〈年中無休〉

〈24時間〉

〈営業中〉

と太いマジックで書いた、超アナログな三枚の段ボール紙が、庇《ひさし》部分から紐で吊るされ、店頭の本棚の前でゆらゆらしていたのだ。

「『サラダ記念日』風に言うと、二月五日は無人書店記念日」

と、田辺さんがお茶目に言った。駅前店は夜八時の閉店後、翌朝開店する十時まで、本の無人販売を今年から始めたのだという。ガラスのドアに、八×二センチの穴をあけた。その内側に紙袋をくっつけ、曰く「お賽銭方式」で本代を投げ込んでもらう形。「開運ポスト」と名付けた。なんともユニーク。

「夜中に本を買いたくなる人もいるじゃない。話題づくりだね。リスクが大きいからやめろと、みんなに大反対されたんだけど、僕は性善説で。今日は九百円入ってましたよ。一番多かった日は二千円」

　その額は、想定内でした？

「いや、ゼロかもしれないと思っていたから。あと、自分でもびっくりしたのは、入ってる小銭に、お金のありがたさをすごく感じることなんだな」

いわば不労所得なのに？

「子どもの頃、かすみ網を仕掛けて鳥が入ってたらすごく嬉しかった、あの感覚。みんなが無理無理と言ったけど、オレのやり方が認められたじゃん、みたいな」

田辺さんはいたずらっ子のような目で笑い、こう続けた。

「商売、遊ばなきゃ」

たなべ書店は一九八六年に開業した。田辺さん、三十六歳のときだ。元、旺文社の営業マン。

「ずっと本好きだったんですね」と言うと、「多読するようになったのは、古本屋を始めてからだな。あ、でも、高校時代に通学の乗換駅で、時間つぶしは駅前の本屋でしていましたね」。

千葉の現・君津市の「農家の二男」。高校に求人が来ていて、旺文社に入社したそうだ。東大闘争の最中、旺文社のある牛込神楽坂でも「催涙ガスが目にしみた」。ヘリコプターも飛び交い、東京中が騒然としていたことを覚えている。

営業マンの仕事は、出張が多かった。「お酒を飲まないから、地方出張の夜は、映画館で過ごしたなあ」。これは、たなべ書店が映画のパンフレットやチラシに強いことの伏線だ。古本屋開業のきっかけは、岡山の古本屋さん「万歩書店」に足繁く行き、絵本や児童書を大量に買ったこと。

田辺さんは編集者の女性と社内結婚し、二十四歳で父となり、南砂町に住んでいた。「イクメンの走りだよ。当時、〇歳児が入れる託児所が早稲田にしかなくて、背広にネクタイで毎朝、息子を連れて地下鉄で早稲田まで通《かよ》ったんだ」と。その息子への絵本、児童書だ。

「そんなに大量に買うなら、あなたも古本屋をやったら」

と「万歩書店」の社長にもちかけられ、その気になったのだ。ずっと共働き。子どもが小学生になり、「古本屋のオヤジになれば、地方出張もないし、家族との時間を持てる」との思いが、自分で自分の背中を押した。

開業資金は、ほぼ自前で。「当時の出版社は給料がすごく良かった。旺文社も例外じゃなくて、ボーナス、（年に月給の）十か月分あったし、使わなかったし」。勤続十八年、たんまり貯めていたのだ。自宅近くで探した物件がここ本店。百五十個（当初）の本棚を「田舎の父親が作ってくれた」って、なんて素敵なお父様なんでしょう。

「神保町の古書店で修業して独立というのが普通だけど、そういうこと全然考えなかった」

岡山の「万歩書店」からマンガと文庫本を中心に八万冊仕入れてオープンすると、「〝団地ライフ〟に古本切り込む！」「江東に8万冊の大型店」と朝日新聞の地域版に載った。『男一匹ガキ大将』二十巻セットが六千六百円で売れるなど、いきなり売れ行き好調。売値は「定価の半額」を基本とした。

「うちが繁盛したのは、チリ交さんのおかげなんですよ」

「毎度おなじみのチリ紙交換です」のセリフでおなじみの、あの頃多かったチリ紙交換業者のことだ。古新聞ばかりか、読み終わった本や雑誌が個人宅からチリ紙交換にどんどん出された頃。

「あの中に売れるものが混じっている」と閃いた田辺さんは、チリ紙交換のトラックを見つけるたび、せっせと自転車で追いかけ、漫画本や雑本を買い取った。「古紙再生業者よりも高く買ってくれる古本屋がいる」と業者から業者へと伝わって、たなべ書店に売り込みが相次ぐ。どんどん買い、取引業者が増えていく。

「チリ交さんたち、日本酒を中元歳暮にくれるんですが、六十八本もらった年もあったんですよ」

廃品回収に、自治体が学校や町内会に報奨金を出すようになったなどの理由で、やがてチリ紙交換業者が減ると、今度は「古本出張買取中。即、お宅までうかがいます」のチラシを大量に刷り、周辺の家のポストに配りまくった。東京古書組合の交換会と並行して、こうした〝猪突猛進仕入れ〟を繰り返して蔵書を増やし、地域の人たちに受け入れられていったのだ。九〇年代からの新古書店チェーンの台頭をものともせずに。

「私がここで働き始めた二十数年前は、お客さんがいっぱいで、通路が歩けないほどでした」と、目下五人いるスタッフの一人、寺井とし子さんの証言。

「今じゃ静かなもんですよ」と田辺さんは本をベンジンで拭きながら言うが、いやいや。文学、哲学たっぷり、「図鑑」「植物・花・園芸」「育児生活」「美術アート」「ビジネス」などと仕切り紙（手書きの）も躍り、一番奥にはエロい本も潜む店内は、じっと佇んでいる人たちの数が、都内の古本屋の中で「トップ5」に入ると私には思える。

しかも、「やっぱ、差別化だよ」と、何しろ映画に半端なく強い。パンフレット、チラシ合わせて五万点もが、時代やテーマ別にスクラップされていて、今回の滞在中も「エリア・カザンの『アメリカアメリカ』と、マイケル・カコヤニスの『その男ゾルバ』ある？」と聞いてきたお客に、田辺さんは「あるよ」と即答。「エリア・カザンは、レッドパージのときに仲間を売ったことで評価が分かれるんだよね」などと話が弾んでいる。対面販売ならではだが、ホームページをコツコツと充実させてきて二十余年。「映画パンフ」をキーワードに検索すると、真っ先に「たなべ書店」が挙がり、近年は全国の映画ファンからの注文が、店での販売量と拮抗しているそうだ。

「前回来たとき、売値最高額の二十五万円だった『日比谷スカラ座　１９６８年　特別ロードショー荒野の用心棒』のチラシ、今も残ってます？」

「いや、もう売れちゃったよ」って、すごい。

著者名のアイウエオ順に並ぶ文庫本の棚の前では、こんな話も出た。

「この頃、芥川賞、直木賞が発表されたら、『受賞作、文庫本でありますか』と聞きに来る人が増えているんですよ。あるわけないのにね。それほど財布の紐が固くなってるんだ」

「死んだ作家の本は読まれない。例外なのは、池波正太郎、山本周五郎、松本清張、吉村昭だけだね」

古本の現場から、軽やかに時流を読む田辺さんである。

「月三万円払って毎日来てもらっている」という廃品回収業者がやって来た。曰く「えんまさんになって、売れない本に引導を渡さなきゃならない」ときだ。この日は、陽に当たって色褪せたビジネス書や雑誌二百冊ほどを渡した。が、すかさず、業者のトラックの中から、「売れる本」を四十冊ばかりゲットする。

言葉の端々からも、軽快な体の動きからも、「この商売が大好きオーラ」が飛んでいる。

原価率を尋ねたら、「どれくらいだと思う？」と逆質問された。「五割くらい？」と、あてずっぽうに答えると、またまたいたずらっ子のような表情になり、「この前、集計したら、平均一割なのよ」と、にこっ。すごいなあ。それにしても、三十三年間無休営業できているとは、やっぱり驚愕。

「古本屋は普通、店売りとネット売り以外に、催事販売や目録販売をするんだけど、オレはやんないからね」

一匹狼なのだ。催事販売に出店すると、終了後の打ち上げがつきもの。「お酒も飲まないし、ぐだぐだと（帰宅が）遅くなるのが嫌なんだ」とおっしゃる。「早寝早起き派？」と聞くと、そうだった。

「ずうっと、夜九時半に寝て、朝は五時起き」とのこと。八時の閉店後、帰宅してから食事すると「お相撲さんになっちゃうから」と、夜ご飯のお弁当を店に持参。「見る？」と開けてくれたお弁当箱には、野菜たっぷりのメニューの数々が詰まっていた。

「二十歳のときから体重変わらないんだよ。あと三十年くらいは、この店を続けようと思っているんだ(笑)」

再び、おそれいりました、である。

この日、私は、山本健吉編の『日本の名随筆　歳時記』の春夏秋冬四冊を合計千円で購入。ほのぼの幸せな気分をもらって、たなべ書店をあとにした。

(2019・4)

板橋区のハッピーロード大山商店街の「竹屋文房具店」

「扱っている商品、だいたいのことご説明できますし」

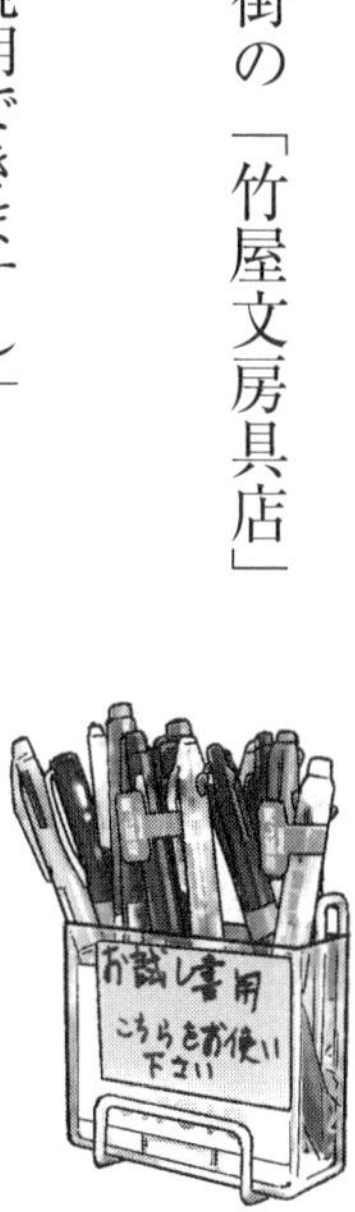

わっ、千林商店街みたい、と思った。

体に大阪が充満していた十年前の私は、東京のどこを歩いても「ここは大阪でいうと」と自ずと考えていた。青山は堀江、西新宿はＯＢＰ（大阪ビジネスパーク）、池袋は千日前、浅草橋は久宝寺町《きゅうほうじまち》、阿佐ヶ谷は阪急豊中……というように。早晩その習性はなくなっていたのに、ここにきて久しぶりに、つい。

千林商店街は大阪市旭区にある。京阪電車の千林駅を降りると、そのまま大きなアーケード商店街の中に出る珍しいタイプなのだが、東武東上線の大山駅（板橋区）も同様だったのだ。当然、歩行者天国。アーケードの道幅は千林より広い。千林では「一、十、百、千、千林〜」とテーマソングが流れ、何度聞いても笑ったものだ。対して、ここ大山のＢＧＭは「かんかんかん」という踏切の警報器の音だ。アナログな響きが、「ハッピーロード」というベタな商店街名ともどもすてきです。

約五百六十メートルに、二百軒余りがずらり。結構、賑わっている。目がいくのは、ここに根付いてきましたふうの茶舗や和菓子屋や花屋や金物屋だ。クレープの店に行列ができていて、ほ〜と思いながら行きつ戻りつ。商店街に体を馴染ませよう。うむ。「甘味、大学芋、あんみつ、焼そば、喫茶」との看板が堂々の店に入ると、年配男性二人と、店の方を含めて年配女性二人が歓談中だった。

「このあいださあ、ナンバーズというのを買って、十二万円当たった。初めてだよ、長年宝くじ買ってきて」

「すごいわね。よかったね」

「ずっと前だけどね、池袋東口（の宝くじ売り場）で、私の目の前で買った若い男の子、八百万円当たってたよ」

「ほ〜。上には上がいる。結構当たるもんだね」

「そうよ、私も昭和三十八年の年末に百万円当たってね。みんなに『その百万円で喫茶店やればいいじゃん』って言われたわ。あの頃、百万円で店を始められたんだよね」

すごいな。強運の人ばかり。あやかりたいものだ。と、にんまりしながら食べた、みかんもバナナもパイナップルもと盛りだくさんなあんみつは、とても甘かった。

もうちょっとウォーミングアップしよう。三、四軒回って、「この商店街で、古い方は？」と聞き込むと、みなさん「『男の館　しなのや』の店長」とおっしゃるので、行ってみた。間口が他店の三倍あり、スーツからカジュアルウェアまで並ぶ二階建てのメンズショップ。「商店街の例えば昔の雰囲気を教えてほしんですが」と言うと、「いいですよ」と、えんじ色のジャケットと金縁の眼鏡がお似合いで、ちょいワルおやじ風の松島榮男店長、快諾。ありがとうございます。

「今の川越街道が整備されたのは昭和の初めで、このハッピーロードが川越街道の旧道だったんです。向原《むかいはら》から池袋のほうへ野菜なんかを運ぶのに利用されていて、戦前から自然発生的に店が並んでいたんですね」

なるほど。池袋が全滅した戦争中の空襲で、大山はギリギリ被害に合わなかった。そのため、「戦後は闇市もできて、人が集まるようになった……って、（人から）聞いた話ですがね。うちの店は戦後すぐからだけど、僕が来たのは昭和四十一年だから」

意外と「新しい方」が、「古い方」なんだな、この商店街では。と思ったが、いやいや昭和四十一（一九六六）年からもう半世紀以上経《た》っている。

松島さんは、「七人きょうだいの四男」で、一九六三（昭和三十八）年に栃木県の中学を卒業し、荻窪（杉並区）の洋品店に就職した。「一所懸命働いたのに、声が小さかったからか、一年経って『君は商売人に向いていないから田舎に帰ったほうがいいよ』と社長に言われて、ショックでしたね〜」。松島さんの半世紀後の声は、十分に大きく、ダンディだ。〝石の上にも三年〟の後、縁あって大山のこの店へ来たのだそう。

「生意気なことを言いますけど、今の子たちは『仕事を教えてください』でしょ。僕らのころは『学ばせてください』だったものね」といった仕事論も、「昭和四十年代は、男は職場でも旅行でもドブネズミ色のスーツを着たから、八万から十三万くらいのスーツが飛ぶように売れた」「バブル絶頂期は、ダーバンとバーバリーが根強かったなあ。（洋服の）青山さんや（スーツの）ＡＯＫＩさんが隆盛になってから、『仕立てがいい』という説明がお客様に通用しなくなりましたねえ」などなど紳士服のクロニクル話も面白く、「きめ細かい仕入れをしているので、例えば身長百六十センチ、ウエスト九十センチの特殊体型の人にもぴたっとくるものをお出しできます」に、プロ魂を見た。

年齢を聞くと、七十二歳とのこと。「まだまだこれからも？」と水を向けると、「いや、そろそろちょうど潮時かと」と淡々とおっしゃる。「再開発にひっかかってまして」と。はい？

再開発は、おそらくオリンピックが終わると動き出す。大山駅が高架になり、駅前ロータリーができる。付近に高層のツインビルも建つ。広い道路が商店街のほぼ中央を突き抜けることになり、ハッピーロード大山商店街のアーケードが二分割される。「男の館　しなのや」は立ち退き区画に入っているのだという。まあ！

そんなこんなのウォーミングアップを経て、今回の本命である「竹屋文房具店」を訪ねた。カフェの二階なので、シャープペン、名前スタンプなどの広告ポスターや、手書きの「入荷しました」との紙が両壁にぺたぺた貼られた階段を上がる。と、そこには細々と雑多な、そしてカラフルな三十余坪の空間が広がっていた。

とにもかくにもペン類が多い、多い。あっちにもこっちにも、ボールペン、シャープペン、ゲルペン、サインペン、鉛筆、万年筆などが塊になって並んでいて、色とりどりだ。

店内をぐるっと回る。ノート、レポート用紙、便箋・封筒、ファイルはまだしもの大きさだが、テープ、消しゴム、のり、修正液、ホッチキスの芯、付箋なんかは、一つひとつが非常に小さい。その非常に小さなものがゴマンとある。店が広いだけに壮観だ。しかも、「静」というより「動」。どの品もお行儀よく整列しているのではなく、少々歪んでいたりするから、お客さんの人熱《ひといき》れが入っているように感じる。おっと、奥のほうにはステンレスのマップケース。こっそり引き出しを開けると、大判のケント紙や地模様入りの紙、パラフィン紙、奉書紙（和紙）などが入っていた。こんなものまで売っているのね、と思うことなかれ、その横には、「工事工程表」「土地賃借契約書」といった建築や不動産業界の人たち用の業務用品まで揃っていた。

「何アイテムほどあるんですか」

と、レジの女性に近づくと、そこで度肝を抜かれた。女性の後ろ側に、売り場よりもさらにさらに細かく雑多なもの――ペンの替え芯や、売り場に置ききれない在庫が縦横無尽にずらりだったからだ。ど

JETSTREAM

こに何を置いているか、よくぞ覚えられるものだ。

「アイテム数ですか。さあ、分かりません（笑）。年に一回、棚卸しをしますが、している最中にも商品が動くので、数が出ないんです。それこそ画用紙一枚からございますからね〜」

　オーナーの岡田利子さんだった。

「ペンだけでも、相当数ありますよね？」

「ええ。徐々に増えてきちゃって。昔は色鉛筆でも十何色だったのが、今は普通に三十六色ですから。淡色だけで三十六色のもありますし。ボールペンやシャープペンは、プラスチック製のものが出回るようになってからカラフルになって、種類が増えましたね。それはいつ頃って聞かれても、分からないほど前ですが」

　と、そこまで岡田さんを独占できたのが不思議なくらい、次々とお客さんがレジにやってくるではないか。

「フリクションペンの黒の〇・五を二本ください」と言うトレンチコートの女性に、

「すみません、〇・五と〇・七と一・〇と〇・三八もございますが、〇・五でよろしいですか」と、親切に確認。

「はい」

「一本二百三十円ですので、（二本で）四百六十円。消費税入れて五百六円です。ありがとうございます」

　年配の男性がやって来て、「駐車場代のアレありますか？」

「はい、ございますよ。月極めの、ですね？」

「そうそう」

アレ、で通じている。岡田さんが在庫置場から横長の薄い綴りを取り出してきた。店子《たなこ》が現金で払う家賃の受付帳とのことで、月々に受け取りの印鑑を押すスペースがあるページを見せて、「これですよね？」とお客に確認する。横から「銀行振込じゃないケースって、今まだあるんですね」と割り入った私に、「結構ございますよ」。

この男性客は、この受付帳を十冊購入。千百円を支払って、領収書をもらい、「ありがとう。助かりましたよ」とお礼を言って店をあとにした。

「三歳の孫が遊べるぬり絵がほしいんだけど、あるかしら。孫は動物が好きなので、なんかそういうのがいいんだけど」という女性には、売り場に出て行き、陳列台の下の引き出しを開けて、「すみません、動物はあざらし、ジャガー、パンダ、シロサイ、カバ、イルカとかで大丈夫ですか？」。

「本に『ざんねんないきもの事典』というのがあって、そのぬり絵バージョンなんですよ」と説明。女性が、「こういうの欲しかったのよ」とにこにこ即刻購入。二百二十円。

言葉づかいも対応もずいぶん丁寧な岡田さんである。

私と同年輩かな、と思ったら、やはりそうだった。一九五五（昭和三十）年生まれのひとりっ子。一九二七（昭和二）年生まれの亡き父が二十六、七歳のとき、つまり一九五三（昭和二十八）年頃に創業したという。

「文房具屋なのに屋号が『竹屋』なのは、祖父が竹屋だったからなんです」

岡田さんは、竹屋文房具店の向かい側に竹の置き場があった、幼い頃のかすかな記憶がある。が、小学校に上がる頃には、もう竹屋は姿を消していたから、どういう商いだったのか、もはや誰にも分からない。祖父亡き後、祖母はもう一軒、広めの雑貨屋も営んでいたというから、なかなかの事業家だったのだろうか。

「父は、戦死した長兄に代わって実家の跡取りとなり、景気によって浮き沈みのない商売をしたいと文房具屋を始めたらしいです。わーっと売れなくても、文房具は常に必要とされるから、と。母からよく聞きました」

母は、父が文房具店を開いた翌一九五四（昭和二十九）年に、千葉県九十九里の近くから嫁いできた。

「その頃、この商店街を牛が歩いていたそうですよ」。

アーケードが設置されたのは一九七八（昭和五十三）年だから、まだまだ商店街の上が空だった。牛はともかく、父が文房具屋を選んだのは正解だった。店を開いたのが、ちょうどベビーブーマー世代が小学校に上がる年。子どもの数、半端じゃない。

「例えば写生会のときの画板。今は学校の備品になっていて、貸してくれますが、昔は生徒がそれぞれ自分用の画板を買わなければならなかったんです」

画板もそろばんも、子どもの数だけ売れた。新学期前は、ノートも鉛筆も筆箱も飛ぶように売れる時代が続いた。そして、中学入学のお祝いは万年筆――と聞いて、そうそう、私たちの世代もと。親や親戚から万年筆をもらい、大人になった気分になったたっけ。

「父は器用な人で、万年筆やそろばんの裏側に名入れのサービスを早くからやっていました。母によると、父は夜な夜な彫刻刀で相当練習していたそうです」

一方、年末には襖紙《ふすまがみ》や障子紙を求める女性がやってくる。大掃除をして、襖も障子も張り替え、新年を迎える。そういえば、そうだった。昔のお母さんたちは、なんと働き者だったことか。竹屋文房具店では、庭をつぶして、紙の保管のために倉庫を建てた。母の郷里から呼んだ女性従業員二人が、その倉庫の階上を居室としたそうだ。

――岡田さんも、子どものころから店を手伝いましたか？

「いいえ、あまり（笑）。中学受験をしたので」

――じゃあ、店を継がなきゃというプレッシャーはなかった？

「特にありませんでしたが、短大卒業のとき就職せずに店で働くのをやっぱりなんとなく納得して……」

以来、長かったような短かったような四十五年。徐々に世代交代し、自動車販売会社を辞めて店に入ってくれた夫の正文さんと一緒に切り盛りしてきたのである。ちなみに、取材時に正文さんが居なかったのは、体調を崩して入院中だったからだった。

――文房具の世界を、定点観測してこられました。

「そういうことになるのでしょうか。うちで扱っている商品は、だいたいのことご説明できますし。問屋さんが新製品やカタログを持って来てくださる中から、パイロットさん、三菱さん、ゼブラさん、ぺんてるさん、プラチナさんのはある程度置いて。新学期に向けた見本市も行って……。う～ん、プラスチック製品が多いから、うちなんかでもやっぱりゴミを増やさないようにと思います。本体を持っていらっしゃるなら、替え芯を買ってくださるほうがうれしいですね」

メーカーをさん付けする穏やかな話しぶり。端々から、欲をかかない人だと伝わってくる。店になくて、お客さんの希望に応えられない商品は、どんな小さなものでも発注をかけ、たいてい翌日には届くという。バブルもバブル崩壊も、大きく響いてこなかった。通販に押されなくもないが、例えば、「コピー用紙五百枚」単位の購入なら従来どおり店に買いにきてくれる……。

あ、そうそう。私ごとだが、「出産祝」の袋に名前を書くため、筆ペンを買いたい。と、筆ペンコーナーを見に行く。ざっと数えて百種類以上が並んでいて、選べないや。「すみませ～ん」と声を上げると、パート勤務二十三年目という佐藤志喜代さんが飛んできてくれた。

「普段から筆タイプを使い慣れているほうですか？」

「いいえ、ぜんぜん」

「じゃあ、先っちょが柔らかくて、サインペンみたいになってるのが書きやすいんじゃないですか」

祝儀袋の裏に住所や電話番号を書くなら筆先は硬めがいいが、表に名前を書くなら、ハネができる柔らかめがいい。呉竹、パイロット、あかしやから出ているとのこと。「これなんかいかがですか。すぐに乾きますし」と、パイロットの柔らかい速乾性のペンタイプのものを選んでくれた。試し書きすると、確かに。下手なりにニュアンスのある我が名前が書けた。さすがの目利きです。三百三十円なり。

レジへ行くと、「これ、作ってきました。どうぞ」と岡田さんに、竹屋文房具店のロゴが入った三・五センチ四方の紙袋を二つ渡す女性がいた。

「ステキでしょう？」と岡田さんが私に。

「手作りされたんですか」と女性に聞く。

「ええ」

「デザイナーさんです？」

「いえいえ、違います」

「どうやって？」

「うち、大工工事業なので、ＣＡＤで。建築模型に近い感じですね。紙はコピー用紙なんですよ。いつもお世話になっているから、勝手にプレゼントするんです。時々こういうものを作りたくなって」と、五十嵐なおみさんという四十六歳のおしゃれな方。

「竹屋文房具店のファンでいらっしゃるんですね？」

「ええ。子どものときから文房具好きで。竹屋さんは、階段を上がる途中から文房具のいい香りがしてきて、わくわくするの。大好きなお店なんです」

今日は家にストックしておく千代紙を買いにきたそうだが、「最近の掘り出し物を教えてください」と言うと、我が意を得たりの表情となり、ノート売り場に引っ張っていってくれた。緑と黄色のプラスチック表紙の小型リーフノートを手に取り、「ぱかっと、とじ具が開くんです。これのおかげで探し物がなくなって、ばっちり自己管理ができるようになりました」と、目を輝かせた。

銀行でのロビーで『気がつくと机がぐちゃぐちゃになっているあなたへ』（リズ・ダベンポート著、平石律子訳）という本を読んだのがきっかけで、何かいいツールがないかと探していたときに、ここで出合った。ハガキサイズの黄色、緑、赤、白、青のノートを、仕事、家族、子ども関係、お買い物、勉強に振り分け、家業の売掛け金リストや、毎日の「Ｔｏ Ｄｏ」リスト、お買い物リストなど大切なことすべてを記入している。各色二冊ずつ持ち、一冊は家に保管。もう一冊は必要に応じて持ち歩き、その都度記入する。何ページ分かたまったら、とじ具を開けて、家保管の分に移動させるのだという。なるほど！　真似したくなって、まずは一冊買うことにした。五十嵐さんは、このリーフノートと相性のいいボールペンと付箋もつきとめ、使っている。

「奥が深いなあ、文房具ワールド」とつぶやいた私に、岡田さんが「近ごろ筆記具に凝る高校生男子が増えていますよ」と言う。「廃盤になった××、ありませんか」とやって来る。新製品情報をネットでいち早くキャッチし、買いに来る。〇・三ミリ、〇・二五ミリといった細いボールペンが近ごろ各社から売り出され、スケジュール帳に予定をたくさん書き込む若いビジネスマンを中心にブームがきているところだそう。面白いなあ。

「ところで、この店は再開発区画に入ってないんですよね」と聞くと、岡田さんは「幸か不幸か」と小さく笑った。三十代の子ども四人がいる。看護師、美容師など四人とも自分の道を見つけ、進んだ。「でも、一人くらい『やっぱり継ぐ』って子が戻ってくるかもしれませんね」と言うと、「いや〜、あり得ないでしょうね」と岡田さん。パートの佐藤さんも「ないないないない」ときっぱり否定した。板橋区内の文房具屋は、往時の約六十軒から約二十軒に減ったとも。

店をあとにし、階段を降りてアーケードの中へ。大丈夫、賑わっている。

業種は違えど、あの店もこの店も竹屋文房具店と同じように商品知識豊富に展開してきたのだろうなと思うと同時に、再開発区画に入らなかったことを「幸か不幸か」と捉えている人は少なくないかもしれないと、往来する人が多いだけに、ちょっと切なくなったりなんかもしながら駅に向かう。「かんかんかんかんかんかん」。踏切の警報機音が、来たときより一層アナログ音に聞こえた。

（2020・2）

麻布十番商店街の「コバヤシ玩具店」

「万引きをやった子に『ごめんね』と思うんです」

所用で麻布へ行った帰りに、初めて麻布十番商店街を歩いた。

さすが東京きっての高級住宅街を控えた商店街。行き交う人たちがみんなオシャレだ。外国人もずいぶん多い。カフェが何軒もある。蕎麦の老舗や、近頃話題のたい焼き屋、著名な豆菓子の本店もある。不動産屋に「新築ワンルーム、32万円」なんていう物件も張り出されていて、すごいなあ。きょろきょろしながら歩く中、四つ辻の角に立つおもちゃ屋さんの佇まいに胸がときめいた。

四つ辻の対面から見るに、建物は四階建てで、この界隈では珍しく少々年季が入っている。二階から上の壁面が緑色で、出窓が五つほどあり、その庇《ひさし》部分に赤の差し色がペイントされていて、トータルでクリスマスカラーだったのだ。

「コバヤシ」と店名はカタカナ表記。緩やかにカーブを描く窓の中に、おもちゃが詰まっていそう。

お揃いの白い帽子をかぶり、ランドセルを背負ったおそらく小学校三、四年生の男の子数人が覗き込んでいた。

「あれ、欲しいんだなあ」

「ぼくも」

「◯◯ちゃん、もう持ってるんだぜ」

「ぼくも今度絶対買ってもらうんだ」

想像するに、そんな言葉を交わす背中を、梅雨の晴れ間の陽光が照らしている。

近づいてショーウインドーを覗き込む。砂場セットやアンパンマンの時計など幼い子向きのものあり、野球盤ゲームや人生ゲームなどお兄さん・お姉さん向きのものもあり。外国製品やこだわりの木製といった、すましたものでなさそう。「ふつう」のおもちゃっぽいのも気に入った。右手ウインドーの上に、子ども四人と大人四人が手を繋いだイラストを発見する。

〈みんな大切な人達です〜　幸せを造りましょう〉

と、なんとも素敵なフレーズが添えられているじゃない。

店内に入る。天井からドッジボールやカラーボールがぶら下がっていたり、隅にはフラフープがかかっていたりもして、懐かしい雰囲気だなあと思っていると、ランドセルに背負われているといった感じの小さな男の子が入ってきて、恐竜のおもちゃの陳列台の前で止まった。

「坊や、お家に帰ってカバンを置いてから来てね」

レジカウンターから店の女性がやさしく、やんわりと声をかける。男の子がこくんと頷いてゆっくりと出て行く。

思わず「いい子ですね」と私。店の女性も「そうなんです、いい子なんです」。

そこへ、ポニーテールの色白の外国人女性が、だるまの人形を二つ手に持ち、やってきた。五百八十円なり。

「ウッジュー　ライクトゥー　ラップ　イット　フォー　プレゼント?」

「ノーサンキュー。ダイジョブ　デス」

「はい分かりました。じゃあ、ユー　コレクト　フィフティーファイブ　シーツ、ユーキャンゲット　ファイブ　ハンドレッドエン　ディスカウント」

ポニーテール女性は、小さなシールを貼ったピンクの台紙を受け取り、「サンキュ」とにっこり。「ありがとうございました」と送り出された。

「英語、ご堪能なんですね」

「いえいえ、この言い回しだけ（笑）。もっとも、うちに来る外国人の大半は（近くで）生活されている方で、皆さん日本語がお上手ですよ」

先の人のように、だるまやこけし、凧など「江戸玩具」はお土産用として買うケースが多いので、旅行者じゃないかしら、と。

「シールを集めて台紙に貼るって、はるか昔の私の子ども時代みたい。アナログですね」

「そうですね、十番の商店街はずっとこうですよ」

そうやりとりをしてから、「かなり古くからのお店ですか」と尋ねてみる。

「ええ。一八六八年からですよ」と、店の女性はこともなげに。

「え？　つまり明治元年ってことです？」

「はい。百五十年を超えました。でも、十番にはうちよりもっと古いお店が何軒かありますよ」

この女性は店長の父の妹――「おばさん」だった。とてもそうは見えなかったが七十八歳。

後日再訪し、小林由枝店長（四十五歳）にお会いした。

「父なら古い話をできたのでしょうけど、残念です。父は透析に通いながら六年前まで店に出ていたんですが、今はもう施設に入っていまして、お話しできなくなっていて……」

おばさんに負けず劣らず、物腰やわらかな人だ。

「昭和六年」生まれのお父さんが四代目。コバヤシ玩具店は、お父さんの曽祖父――ということは由枝店長の高祖父が始めたのだという。

「一八六八年創業というのは、菩提寺も戦災にあって、紙に記したものが残っているわけじゃなくて言い伝えですが。幕末に赤坂のほうでお商売をされていた林さんという方と（高祖父の）小林が二人で、ここでおもちゃ屋を始めたと聞いています」

その頃の麻布は――と、『江戸東京大地図』などの力を借りて思いを馳せる。江戸城の城南だ。北、東、西に接するいまの六本木、麻布台、元麻布あたりの台地に大小の武家屋敷が密集していたが、麻布十番は、渋谷から流れてきた古川という川とその支流に近い谷地にあたる。お屋敷街が山手なら、十番は下町だ。十番という地名の由来は、それらの川の改修工事を十の工区に分けて行なった際の十番に当たったからという説が有力なよう。

「ほら、アメリカ公使館が麻布山のところにあったじゃない」と、おばさんが口を挟んでくれる。

コバヤシ玩具店から歩いて五分ほどのところに麻布山善福寺がある。そこが、日米修好通商条約締結の翌一八五九年（安政六）に初代アメリカ公使館となった。麻布十番商店街は善福寺の門前町として発祥し、近隣のお屋敷街に住む人たちの買い物の場として歩んできたらしい。地盤が硬く、関東大震災でもほとんど潰れなかった。震災後、被災した人たちが東京中から移り住んできて、人口が膨れ上がったとか。

「大正十五年の写真が残っているんです」

と、由枝店長が見せてくれた。年末の大売り出し時の店頭の写真だ。モダンな洋館の上部に、右から

「小林」の文字板。「賞月」「美術御人形」との文字や、「福引加盟店」との垂れ幕も認められ、店頭に、商品を覗き込む子どもたちがいる。由枝店長の曽祖母がカメラ目線でちょこんと椅子に座っている。「賞月」は、当時の屋号だという。すでに、こうも隆盛だったのだ。

「父は子どもの頃、縁日で夜の九時までバナナの叩き売りをしていたとか道を馬が歩いていたとか言ってましたよ。店ではお人形やキワモノを扱っていたかもしれません」と由枝店長。

「キワモノって？」と尋ねる。

「雛人形とか五月人形のことです」

「漢字でどう書くんですか」

「分かりません。ずっと、そう言ってきたんですけどね。おばさん、分かる？」と由枝店長がおばさんに。

「いいえ、ぜんぜん分からない。気にしたこともなかったわ」と笑ったおばさんは「昭和十五年」の生まれ。物心ついたときは、いまの横浜市緑区の親戚の家へ疎開していた。大正、昭和初期の賑わいは、当然ながら戦争でストップ。

「世田谷にも親戚があって、兄はそちらのほうに疎開していたんですね。麻布は空襲で丸焼けになったでしょ。私、焼け跡に『バラックの長屋の店』が建てられていくのをしっかり覚えていますよ。うちは、疎開先の世田谷から木材を運んで来て建てたんですがねえ」とおばさんがおっしゃり、由枝店長が「戦後は、表に戸板を出して、木の駒や羽子板などの木のおもちゃを並べて売って、再スタートしたそうです」

地元の油屋さん、稲垣利吉さん（故人）が、『十番わがふるさと』と題した著書を遺している。麻布十番では戦後、日を待たず地域振興会商業協同組合が組織され、各地に疎開した人々の目にとまるよう全国紙に「戻ってきて」と広告を出すなど地主を探した上で、バラック建て各四坪、四十戸の「マーケット」を設けることを一決した。一戸五千円で売り出し、翌一九四六年の春に竣工したとある。おばさんの言った「バラックの長屋の店」だ。商店街全体がいち早く復興の途にあった中、コバヤシ玩具店も然りだったとうかがい知れる。

「実はね、マッカーサー元帥の息子さんのアーサーさん（四世）が、たびたびお店にいらしたんです」

と、びっくりする話が出てきた。マッカーサー一家の住まいだったアメリカ大使館は、麻布十番から二キロほどの赤坂にあった。アーサーさんはお付きの医師の息子さんと一緒にやって来て、プラモデルを求めたという。

「父は英語学校を出ていて、英語を喋れたので、アーサーさんにプラモデルの作り方なんかを教えて差し上げたらしいんですね。日本を離れるとき、お母様とアーサーさんが、『これまでありがとうございました』とわざわざ挨拶に来てくださったそうで、その義理堅さに感銘を受けたと、父が誇りにしていました」

　誇りは、励みにつながったに違いない。

　一九五〇年に曲馬団サーカスを招き、五七年に落語の定席を設けた。映画館も温泉も……と、その後、盛り場的な発展を遂げていく麻布十番商店街にあって、「東京タワーが建設されていくのを毎日、見ていました」と、おばさん。

「お店には従業員さんもいるようになり、繁盛していました。でも、明治生まれの父は女の人が働くなんて思いもしなかったもの、私は全く手伝っていないので、これという思い出もなく、ごめんなさい」

とのことで、だっこちゃん、鈴落とし、フラフープなど私が幼い頃に大流行りしたおもちゃのことも、

「だっこちゃんは、黒人差別だということになって、流通しなくなったわ」くらいの記憶なので、残念

ながらスルー。話は一気に三、四十年飛ぶ。

一九七三（昭和四十八）年生まれの由枝店長は、四人姉妹の末っ子だ。

「おもちゃ屋なのに、おもちゃで遊んでないんですよ」

店が繁盛を極めていた子ども時代、値段付けやラッピングを手伝わされた。仕入れが間に合わないほどキワモノが売れ、「（店の商品が）足らなくなった」と、二階の自宅にせっかく飾ったお雛さまを父に店に持って行かれ、「あ〜あ」だった思い出があるという。

今の建物は築五十年ほど。緑と赤のクリスマスカラーは、姉妹の発案。ショーウインドーの上に描かれた、子ども四人と大人四人が手を繋いだイラストと〈みんな大切な人達です〜 幸せを造りましょう〉のフレーズは、図画が得意だった姉の絵ありき。父が絵に合わせてフレーズを付けたのだそう。

「丸の内のＯＬ」だった由枝さんが、店を手伝うようになったのは、一九九〇年代の終わり。二十五、六歳の頃だ。

キワモノが中心の時代はとうに終わり、当時の店の中は父の趣味でもあったドイツ製の高級鉄道模型・メルクリンが多数を占めていた。二〜三万円のセット売り。レジの左手側には、精緻に組み立て、レールの上に列車が動かせる仕組みがあった。

「バブルは終わっていましたが、まだ景気が良かったんですね。父は、高額な商品でも一度に十個くらいをばっと仕入れるので、私はよくぶつかりました。安価な商品をちまちまと仕入れる私を『そんな細かなことしなくとも』みたいに。でも、おもちゃは一度仕入れると、すべて買い取りとなってしまうんです。私が継いでからは、市況が良いとは言えないので、父と同じことをすると在庫を残すことになって、大変。一つ、二つと小さく仕入れる形に切り替えました」

父とばっちり意見が合ったのは、店に電子ゲームの類を置かないこと。

「ファミコン、スーパーファミコン、ゲームボーイまでは扱っていましたが、一人で完結する遊びを推奨するのは如何なものかと。人とコミュニケーションをとりながら遊ぶのが、おもちゃの基本だと思えるんですね。プレステになった頃から、その類を置くのをきっぱりやめ、アナログのおもちゃに力を入れるようになりました。カセットの種類が多くなって、その仕様にこちらが追いついていけなくもなったから、やめた理由は一つじゃなかったですが」

由枝店長は、「おもちゃは生もの」だと言う。生鮮食品のように腐りこそしないが、時流がある。流行りすたりがある。在庫を残さず、売り切らなければならない。「メーカーさんの推す商品がうちで売れるとは限らない」とも言う。

毎週金曜日に、新宿の問屋に仕入れに行く。九〇年代からトイザらスなど量販店やネットショップでの値引き販売が台頭したが、コバヤシ玩具店では定価販売を崩さない。

目下、約二十坪の店内に、セレクトにセレクトを重ねた約六千点を置いている。人気が高いのは、シルバニアファミリー（ドールハウスと人形）、盤ゲーム、リモコンの自動車、トミカ（ミニカー）、くもんのすくすくノートなど。売値が最も高いのは一万三千八百二十円の「アンパンマンのミュージックショー（キーボード）」、最も安いのは五十四円の「水風船」だそう。

「こんにちは」と元気の良い声で、三、四歳の男の子が訳知り顔で店に入ってきた。一拍遅れて、ママかな？　おばあちゃんかな？　どちらとも見える女性も来店。上手く聞き取れないが、男の子がトミカやプラレールの前で可愛い声でおしゃべりし、女性が「それはこの前、買ったじゃない」と言っているのが聞こえる。

「毎日来る子なの。お稽古事の帰りに、おばあちゃんと毎日来て、毎日何か一つ買ってもらう子なの」と由枝店長。いまどきだなあ。この日、その男の子とおばあちゃんは二十分間、滞在。男の子はウルトラマンのソフビ人形を一つ選び、買ってもらった。

その間に、ランドセルを背負った、私より背丈の大きい女の子が二人やって来て（うち一人は、アフロヘアの色黒の子）、キャラクター文具の棚の前で、（おそらく）あれもいいなこれもいいなと迷いに迷った末、シャープペンと消しゴムを選び、いくつもの五円玉、一円玉を交えて百円ちょっとを可愛い財布から出す。限りあるおこづかいから捻出したんだろうなと、うるうるする。

「ここに来たら、やばいんですよ」と達者な日本語で言ったのは、ベビーカーに八か月の赤ちゃんを乗せたアメリカ人男性。カラフルな小さなおもちゃをつぶさにチェックした後、仮面ライダーのおもちゃを指して、「これ、二歳のお兄ちゃんが使えますか」。仮面ライダーにも様々あるようで、由枝店長がアドバイスする。

その次に来店した、きりっとしたスーツ姿の四十代と見受けられる男性が、「人生ゲーム　令和版」をレジに持ってくると、「これまでの人生ゲームと違って、フォロワーを集めたり、SNSの世界のインフルエンサーを目指したりする新しいタイプですが、いいですか」。

量販店やネットショップではこうはいかない。商品の説明の有無の差が、定価販売と安売りの差を凌駕している、と心から思う。もっとも、安価重視のお客さんは来ない土地柄という強みがあってこそなのだろうが。

「おもちゃが大量生産になって伸びたのは、プラスチック製品の伸びと並行していると思うんです。ほぼほぼ中国製。消耗品でしょう？　燃やすとダイオキシンでしょう？　おもちゃ屋が言うのもなんですが正直に言うと、ものがあふれる今の時代に、環境に優しくないものを売っているのではないかと、ジレンマもあります」

「レジにいると、お客さんのおうちの金銭感覚が見えます。一万円札を出す子に『こんな大きなお金は、おうちの人と一緒に買い物に来るときに使ってね』と、売り控えることがあります。でも、小さい子に一万円札を持たせて平気な親御さんもいらっしゃる」

「夜、暗くなってから一人でやって来る子がいると、黙って家を出てきたんじゃないかと心配になります。でも、おうちの人が夜のお仕事で、一人でお留守番するのが寂しくなって来る子もいて。一人ひとりの子にバックグラウンドがある……」

この店がオーラを放つのは、そんな由枝店長の思いをどこかしら内包しているからに違いない。それでも万引きは、年に二回程度あるという。

「こちらの責任で万引きをやらせない店作りをしなきゃいけないので、それができていないからでしょう？　万引きをやった子に『ごめんね』と思うんです。よほど悪質でない限り、子どもは警察に連れていかない主義です」

近頃の手口は、商品を事前に別の場所に動かし、そこから取るのだという。先日、ベイブレード（バトル専用駒）を盗んだことが防犯カメラから明らかになった男の子が再来店した。「ぼく、ちょっと」と声をかけたら、いきなり走って逃げた。スタッフが店の外まで追いかけ、道路で捕まえた。通常は、親の電話番号を聞き出し、連絡を取り、店に来てもらう。親が店で謝る姿を目の当たりにすると、子どもは反省する。ところがその子は伏して泣くばかりで、親の電話番号も学校の名前も頑として明かさなかった。一時間経ち、二時間経ち、由枝店長は根負けした。こんこんと説教をして、帰した。

「以来、その子は店に来なくなりましたが、きっと分かってくれていると思うんです。もし、その子が『逃げられた』と思っているなら、私の責任です」

どこまでも優しい。

「私は子どもがいませんが、おかげで、多くの子どもたちの成長に付き合っていけるのが、嬉しいですね。ちょっと立ち寄って、話をしてくれる子や、前を通るときに手を振ってくれる子もいて、微力ながら、少しはお役に立っているかなあって」

近年の売上は、「妖怪ウォッチ」が大売れに売れた二〇一四年以外はヨコバイだという。大したものです。

（2019・6）

大田区池上の駄菓子「青木屋」

「来年で百年になっちゃうの」

「いかにもいかにもの昔ながらの駄菓子屋さんが、池上本門寺の近くにあったんだけど、残ってるかなあ、今も」と、知人が言った。彼女がそこを通りかかったのは二十年以上前だそうで、今も残っていたら儲けもの〜くらいな気持ちで、行ってみた。

　日差しのあたたかな冬の日。池上本門寺の山門前の道を部活トレーニング中のような男子中学生の一群が走っていて、山門の前にさしかかると、それぞれ足を止めた。全員がお寺に向かって一礼し、また走り始める。そんな光景を見た少し先に、ベージュの壁の家に黄色い日除《ひよ》けテントが見え、（オフシーズンなのでカバーがかかった）アイスクリームの冷蔵庫と飲み物の自販機。あっ、ここだ。

　もっとも「いかにもいかにも」ではなく、五十センチほどひらいたガラス戸の中に入ると、六畳のほどの広さに、きちんと三段あるいは五段のスチール棚が設置されている。でもでも、その棚に色とりどりの小さな菓子類がずらり。「うまい棒」やコーラ模様のパッケージに入ったラムネ、ハイチュウ、串刺しのスルメ、ペロッと舐めるキャンディ、小さなドーナツ、せんべい……。壁際には、とことんピンクのネックレスや木のコマなども吊られ、おしゃれ用品もおもちゃも渾然一体だ。

先客がいた。私と同じくらいの身長の女の子。手には、買った（と見受ける）ドラえもんのガムと、メモ帳とシャープペンシル。

「そうだねえ、繁華街じゃないから、空気がきれいなところだね」と、店の端っこの住居スペースとの境目の畳の上にちょこんと座っていた「おばちゃん」が結構大きな声で言い、「ほら、向かいは神社だし、隣はマンションだしね」とも。

「あ、はい」

「ウォーキングしている人も多いでしょ。空気がきれいだからね」

と、やりとり。女の子が一所懸命メモをする横から「何年生？」と聞いてみた。

「六年です」とその子。

「この辺りのいいことを調査してるんだって。学校の宿題で」と、おばちゃんが私に言い、「奥さんはどう思う？　この辺りのこと」と私に聞いてきたので、「ええっと、さっき本門寺の前で、中学生の男の子たちがみんなお辞儀していたのを見て、そういう土地柄なのかなあと思いましたけど」と、テキトーなことを口にする。その女の子がまた鉛筆を走らせる。

「そうね。お寺って死んだ人がいるところだから、みんな頭下げるんじゃないの」とおばちゃんが続け、その女の子がうつむいてメモを取り続ける。書き終わると、メモ帳を閉じ、「ありがとうございました」と、ぺこりと頭を下げた。

「えらいね。がんばって」と、おばちゃん、女の子を送り出す。

「しっかりしてますね。よく来る子なんですか」と、私。

「よくでもないけど、ときどき来る子。顔は知ってる子ですよ」

おばちゃん、にっこり。「私も、いろいろ教えてほしくて来たんですけど」にも、にっこり。「あ、そうなの？　私に？　この前、これに載ったんですよ」と、Ａ４サイズ・二つ折りのフリーペーパーを開いて見せてくれる。

〈子どもも大人も大好き　池上本門寺近く　駄菓子の青木屋〉

との見出しで、駄菓子の紹介とおばちゃんの写真も載った記事だ。

サクッと読ませていただき、おばちゃんが青木さと子さんというお名前で、一九三一（昭和六）年生まれ。八十八歳だと知る。

「見えない……。米寿なんですか」と思わず。

「そうよ、埼玉から昭和三十五年にお嫁にきたのよ。この辺に、（結婚の）お世話をしてくれる人がいてね。うちのお父さん（夫）は公務員で郵便局員だったの。四十年勤めて退職して、九十四でまだ元気でいてくれてるの。私、二十九で来て、三十で子ども産んで……。私たち、もう六十年になるの。子どもがもう二十九、じゃね〜や（笑）、五十九っだもんね」

いっきにそう話してくれ、お話し好きな方だと嬉しくなる。

――このお店というか、おうちの建物、新しそうですね。

「そう。二十三、四年前に建て替えたの。六十坪あるの。私がきたときは四畳半と六畳の二間だったんだけど、増築したり、駐車場を貸したり、アパート建てたり。全部ぶっ壊してね。古い家のときは平らで（平面に品物を並べて）売ってたの。やっぱり寂しかったわよ、ぶっ壊すときは。だって、築き上げたおばあちゃん（義母）から、私が受け継いでずっとやってたんだもの」

――ええっと、このお店は元々おばあちゃんが？　いつからなんですか？

「大正十年だね」

きっぱりとした口調、イカしてる。

「店はお父さんのお姉さんが生まれた年からだって。ってことは、来年で百年になっちゃうの」

――ひえ～。百年、すごいです。

「おばあちゃんは、生きてたらいくつになるのかな、百三十くらいかな。明治二十七年生まれだったね。蒲田（大田区）のお米屋さんの娘で、いかにも東京の人。スラ～とした美人でしたよ。いつもきちんと着物着て帯しめて、長いキセルで煙草を吸うハイカラさんで、いい人でねえ」

ほ～。で、なんでここで駄菓子屋さんだったんでしょう？　の答えがこうだった。

「始まりは、一杯飲み屋だったんだって。牛車《うしぐるま》って、分かります？　牛に台車を引かせて、モノを運んでたのよ、その頃。久《く》が原《はら》（大田区）の農家の人たちが、ここを通って野菜を積んで蒲田まで売りに行ってたんだって。牛車を引いてる人が『女将さん、なんか置いてくんねんか』って言うんで、焼酎を置き始めた。そしたら、『お菓子も』となって、飴を一つ置き、二つ置きしているうちに駄菓子屋になったって。おばあちゃんの伝説でしたよ」

――すてきな開業物語ですね。

「焼酎はね、瀬戸（物）の横型のものに入れて」

――壺？　甕《かめ》？　みたいなものですか？

「醤油壺のような感じの、ひねったら出る……。でね、焼酎飲んでグダグダと店に居続ける人に、おばあちゃんは『いつまでも居られたら困るんだよ』ってスパッと言ってたんだって。はっきりした人でね」

着物姿で、キセルで煙草をふかしながら、客の男どもにスパッ。かっこいい。

――そういう話を、そのおばあちゃんから？

「二人で店ずっとやってたんだもの。近所の人から『おばあちゃんと一緒でどう？』って、よくカマか

けられたけど、ぜ～んぜん。私、大好きだったの。戦争中、みんな疎開をするじゃない。でも、『私は店を守んなくちゃならないから動かない』って、最後まで疎開しなかったって。爆弾が落ちて、本門寺が焼けちゃったでしょ。おっかなかったって。死んだ人たちが山と積まれて担架で運ばれるのを見たって。戦後は、そこの坂のところにいっぱいあった防空壕に住み着いてた人たちが、蠟燭を買いに来たそうですよ……。こういう話、（店に来る）子どもたちに時々するんだけど、分かんないみたいね、今の子たちには」

私、分かります。イメージできます。そういう話聞くの、大好きです。と申し上げると、

「あら～。奥さん、おいくつなの？」と相成ったので、

「六十四です」

「お若いわね、奥さん」

「いえいえいえ。でも、あの～、奥さんではないんですが」と。

「あらそうなの。旦那、別れちゃったの？」

「そ、そうです」

「それもいいわね、流行りだね」ときた。

「子どもさんはいるの？」

「います、二人」

「いくつ？」

「三十と三十三」

「一緒に住んでるの？」

「いえいえ、遠くに住んでます、二人とも」

「だったら、第二の旦那、いるんですか」

「いえいえいえいえ」

「じゃあ、つくっちゃえばいいのに」

と、なんで話がこっち向いてくるんだ！
四、五歳くらいの女の子とママが、店に入ってきた。
女の子が、目を輝かしながらあれに手を出し、これに手を出ししていると、「早く選んじゃってよ」とママ。

「幼稚園の帰りですか？」と、さと子さんがママに声をかける。

「いえ、習い事の」

「えらいわね。この頃の子は、幼稚園からＥＣＣ行くものね。英語ぺらぺらで賢くなるよ、楽しみだね、将来」

「…………」

さと子さんは、空気を読んで、それ以上は続けない。代わりに、懐かしき砂糖菓子「シガレット」の前で立ち止まっていた女の子に、「それね、ココア味とソーダ味とコーラ味があるよ」と。

女の子、にっと笑ってソーダ味をつかむ。ショートケーキの形をした小さなチョコ、リスとウサギの絵を描いたラムネなども選んで、さと子さんのいる会計の台へ持ってきた。

さと子さん、菓子を順に十センチほど移動させつつ、「十、二十、四十、七十八の十四で九十二」。そして、電卓をたたいて、消費税八パーセントを加算。「九十九円になります」。

無言で百円玉を出したママに、「はい、一円のお釣りね」。買ってもらったお菓子の入ったビニール袋を手にした女の子に、「ありがとう。おいしいからね〜。また来てね〜」。女の子が「バイバイ」と振った手を、ママがバシッとつかみ、出て行った。

続いてやって来たよちよち歩きの男の子とお母さんの親子は、打ってかわって明るい。さと子さんの「こんにちは」よりもさらに大きな声で、二人して「こんにちは」とまず。

「ぼく、いくつ？」。さと子さんが聞くと、男の子がおもむろに指でチョキをした。「二歳です。ね、コウくん」とお母さん。

男の子が、さと子さんから箱を受け取って、お菓子選び開始。

「うちはカゴの代わりに、箱なの」と、さと子さん。バラ売りする駄菓子が二十個とか五十個とかの単位で入っていた箱の再利用だ。「でね、お会計のとき、子どもたちが『おばちゃん、ピーがないの？』って聞くんですよ。『おばちゃんのピーは、ここに入ってるの』と言うの（笑）」。と、右手の人差し指で差した頭は、黒髪ふさふさ。「ピー」はポスレジで使われているバーコード読み取り機のことだ。

お菓子を選びながらコウくんがお母さんに話しているのは、聞き取り困難な二歳児言葉だが、「そうだね、お兄ちゃん」「うん、コウくん、なれるね」とお母さん。ん？

一年生のお兄ちゃんがいる。「お兄ちゃんにこれを買う」「ぼく、駄菓子屋さんになる」などと話していたらしい。かわいすぎる！

「いつもたくさん買ってくれるの」と、さと子さんが私に。

「私、働いていて、手の込んだおやつとか作れないから、家に駄菓子をどっさり一週間分ずつ置いとくんです。好きなのを食べていいよって。その代わり、週の初めにたくさん食べちゃって、週の終わりになくなっちゃっても、自分の責任だよ。自分たちで配分を考えて食べようね、って言ってるんです」

「それはいい教育だね。素晴らしいね。お兄ちゃんもコウくんもしっかりするね」と、さと子さん。

「確か、遠くから来てくれてたんじゃなかった?」

「ええ、久が原から。今日は池上会館（大田区立の施設）に用があって、その帰りなんです」

このお店をご存じなのはなぜ？　と、口を挟ませていただく。

「私、実家が馬込《まごめ》のほうで、大森高校だったから、ここ、高校生のときの自転車での通学路で、ときどき寄ってお菓子を買ってたんです。もう二十五年くらい前。で、子どもができてから、たまたま通りかかったら、まだやってて。おばちゃん、元気かなあと覗いたら元気だったので、嬉しくなって。それから、また来るようになったんです。そしたら、子どものほうがハマっちゃって」

親子二代のお客様だったのだ。

「まあ、そうだったの。昔は、高校生（のお客）多かったものね。神社のとこに座って、ラーメンを食べてたよね」

高校生たちはコンビニに行っちゃったのかな。さと子さんは「時代が変わりましたからねえ」と鷹揚だ。

「これが百円で、二十五、三十五、七十。五十で六十、七十……」と暗算していき、電卓叩いて「二百三十六円」とお会計。

お金の受け渡し中、「ありがとうございます」と、さと子さんとお母さんが同時にハモって、笑い合う。店を出るや否や、コウくん、辛抱できなくなっちゃったようで、ビニール袋に手を突っ込んでフルーツラムネを取り出し、じかに握る姿もまたかわいい。

――店内に何種類くらい？　値段、全部覚えてらっしゃるんですね。

「百種類くらいですね。そりゃあ、あれ置こう、これ置こうって自分で決めるんだもの、値段は自然と覚えちゃいますよ」

――駄菓子は問屋さんから？

「昔は、問屋さんが何軒も車で持ってきてくれたけど、小さい問屋さんはみんな大手に負けちゃったね。今は、バスでタジマヤさんに買いに行くの。足を悪くしてからはカートを押してく。買うのは、一万円単位。玩具は、浅草・蔵前の問屋さんに注文しといて、息子が会社の帰りに買って帰ってきてくれるの」

今も昔も人気は、糸を引っ張って、どんな大きさのものが当たるかの「糸引き飴」や、「当たり」が出るともうひとつもらえる黒糖製「カルメ焼き」など。それらは十円だが、「二十円、三十円、五十円、百円、百二十円のものが多いかな。一個売って何円とか。利益なんてありゃしないもん」と。

――なのに、客単価低いお客さんにも毎回「ありがとう」。一日に、「ありがとう」という回数、すごいですよね？

「ありがとうはまだいいんだけど、『いらっしゃい』が言えなくてねえ、ヤだったねえ。だって、私、田舎じゃ部屋の中で機械編みしてたんだもの」

実家は、秩父・長瀞《ながとろ》の近く。「四反近く（農地が）あったから、田舎じゃ大きいほう」の農家だった。田植え期、茶摘み期は、手伝いの人たちを頼む。その人たちの休憩時間に「お茶を持って行く」のが娘時代の役目だったとか。一九四八（昭和二十三）年に学校を出て、熊谷の文化服装専門学校へ。さらに、和裁も編み物も習った。自宅で、黙々と洋裁や機械編みの仕事をしていたのに、嫁いで環境が一変したのだ。

「でもね、ほんと、おばあちゃんがいい人だったから」と、先ほど聞いた「ハイカラなおばあちゃん」の話をもう一度。そして、「芸は身を助けるって言うじゃない」と、おっしゃる。はい？

「足踏みミシンを（結婚のとき）持ってきたんだけど、年中故障してね。それで、エルナっていう外国製のミシンを買って、今、三代目かな。『あの奥さん、お裁縫できる』って知られていくじゃない。ちょっとした仕立てや編み物を頼まれて、店番しながら、やってきましたよ」って、超働き者です、さと子さん。店に来る子どもたちの洋服のほころびに気づいたら、ささっと繕《つくろ》ってもあげるそうで、ほろほろしちゃう。

「ひとり者の九十二、三のじいさんがいるのよ、いつも五千円くらい買ってくれる。お金あるから、（駄菓子を大量に買って）近所の人たちに振る舞うんだって。そのじいさんに、『パンツのゴムが伸びちゃったから、（新しいゴムを）入れてくれないかな』と頼まれて。『いいわよ』って。パンツ十枚にゴムを通してあげたこともあったわ」

その「じいさん」の「絨毯《じゅうたん》を洗ってほしい」に応え、「ごしごし洗ってあげた」ことも、「二十六センチのナイキ（のシューズ）を買ってきて」に、息子さんがバーゲンに繰り出したことも。なんと親切なんでしょう。

「ナカムラさん、元気だったの？」

さと子さんが、突然高らかな声を出した。「じいさん」の話をしながらも、店の前を注視していたとは、さすが。臙脂《えんじ》色のダウンコートを着た女性が通りかかった。

「しばらく見ないから、心配してたの。元気だったの？」と、高らかな声が続いた。

「八十肩かな（笑）。ちょっと肩がアレだったけど、元気よ」

さと子さんは「よかったよかった。今、私、この人に取材受けてんのよ」と言ってから、「ナカムラさんは私より二つ下だけど、池上に来て私より長いの。お米屋さんなの。私と違って、足、ピンピンで、今も配達もしてらっしゃるのよ。ねえ、ナカムラさんにも取材して」と私に。

自販機でコーラを買い、店に入ってきたナカムラさんも「自転車に乗れない歴、何十年だから、歩いて配達してるだけ。っていうか、息子がやってくれてるから、この頃は五キロのお米を抱えて歩くだけよ」と朗らかだ。そして、「私？　十八で千葉の八日市場から来て、もう八十五だもんね」と苦笑い。「そりゃあね、私が来たのは米穀通帳があって、『お宅は何人家族ですか』って聞かなきゃいけなかった配給の時代だったわ」とおっしゃり、「すごっ。今度、話を聞きに伺ってもいいですか」と思わず。

「二丁目の○○さんの訃報が掲示板に貼ってあったわよ」

「そうなの？　知らなかった。おいくつだっけ？」

とご近所トークが始まり、私は邪魔しないように店の端のほうに、ちょい移動。この際、思いきり駄菓子っぽい駄菓子を買っちゃおう。オレンジ色の「えび大丸」せんべい、ピンクのマシュマロ「ましゅろ〜」、細長〜い「サワーペーパー・キャンディ」、水色の「グミ・ラムネボトル」などを箱に入れていると、「みんな、そうやって人生が終わりになっちゃうんだね」「そうだね、私たちもね」と、お二人の快活な話し声が聞こえた。


（2020・1）

豊島区雑司ヶ谷霊園の「花處住吉」

「値段を書くなんて野暮」

私事ながら、四年前まですぐ近くに住み、毎日犬と散歩に来ていた。池袋から徒歩十分そこそこなのに、ケヤキや松や銀杏などの古木が多く、ところどころ鬱蒼とした雑司ヶ谷霊園。ジリジリジリと蟬が遠慮がちに鳴く中、久しぶりにやって来た。夏目漱石は椅子のようだなあ。竹久夢二はずんぐりした自由型。泉鏡花はすっくとスマート。永井荷風は生垣に囲まれ情緒的などと著名人の墓標を見て回った。そうだ、花屋さんを訪ねてみよう。と思ったのは、東京の七月の「お盆」が終わって幾日かのその日、二、三十基に一基ほどの割合で、墓に花が供えられていたからだ。

確かあちらのほうに渋い立派な建物の店があったはず。と、霊園の南東端へ移動する。木枠の窓ガラスに「此花亭」と白文字。右手の前に、古色を帯びた井戸がある、二階の窓の外に欄《おばしま》が連なる和建築。ガラガラと戸を開けると、真ん中に丸テーブルが置かれ、小上がりが設《しつら》えられている。仏花をはじめ菊や桔梗《ききょう》、百合などが並んでいた。見上げると、網代《あじろ》天井だ。いきなり「相当古い建物ですか」なんて聞いて、すみません。

「ええ、大正二年でございますよ」

白い割烹着の女性が応じてくださる。

「ということは、大震災も戦災もくぐり抜けたんですね」

「この辺りは地盤がしっかりしておりますので、3・11のときも全く何一つ壊れやしませんでしたよ」

「もしや、表の井戸も現役ですか」

「はいもちろん。下に水脈がございますから」

二十年ほど勤めているというその女性とそんなやりとりをしていたら、奥から「娘さん」が出てきてくださり、「うちだけじゃなくて、このあたりのお花屋さんはみんな、花に井戸水を使っていますよ。最初の頃、武蔵野の野っ原で水道がなかったと思うんです」と。娘さんは、ここで生まれ育って、結婚してから横浜に住んでいて、静岡県富士に住んでいる兄と交代で、通ってきているとおっしゃる。失礼ですが、と年齢を聞くと「昭和三十四年生まれ」とのこと。谷中霊園で花屋をやっていた曽祖父が、支店のような形で出したのが始まりの店だと、教えてくださった。

花を買うのはお馴染みさんだ。桶を貸す。箒《ほうき》も貸す。それらを携えて墓に参り、「ただいま」と戻ってきたら「お帰りなさい」と迎える。屋号に「亭」が付くのは、昭和三十年代まで二階の座敷を貸していたから。菩提寺で法要を営み、塔婆や花を手に墓に参る。その後に、仕出しを取って座敷で会食をする家族が少なくなかった。霊園の中と付近に、かなり減ったが六軒ある花屋は皆、お墓の所有者と個人的に「契約」を結び、墓区画の掃除、植木の手入れを定期的に行う。法要の日の連絡が入ると、その家の好みの花を用意し、墓前に運ぶ。一期一会に終わらせず、契約者らと「代々のおつきあい」をしているという。

「契約はおいくらで?」とつい聞くと、「年三千円でございますよ」と先の割烹着の女性。「何軒ほどですか」には、「(墓の所有者の)世代交代で墓じまいをなさる方もいらっしゃいますから、ずいぶん減りましで、今は何百軒かですね。お掃除はすごく重労働で、ある団体の方々に手助けいただいております が、手が回りませんので、新規の契約はお断りしております」。

掃除のスタッフさんたちが戻ってきたタイミングで、あれこれありがとうございました、とおいとまし、霊園をもう一回りする。夏の早朝は、大勢のか細いお年寄りたちが墓と墓の間でラジオ体操をしていて、シュールだったなと思い出したりした。

江戸時代には野辺送りされた地だ。霊園のパンフレット等によると、一八七四（明治七）年に東京府により共葬墓地（公共墓地）として開設されたという。今は約三万二千坪におおよそ八千基が立ち、合計ざっと七万人が眠っている——。

「ぽつんと一軒」のところにさしかかった。瓦の方形《ほうぎよう》屋根の建物。前方だけ幅六メートルほどの道に面しているが、右も左も後ろも、道の向こうも墓、墓、墓……。茂りに茂ったケヤキや竹が建物を侵食しかけている。玄関を塞ぐ葉の長い花の群生が、昨日や今日に玄関戸が閉まったのではないと物語る。しかしながら営業中だ。

建物の前に軽バンが停まり、テントを張った地面に紫や黄色に彩られボリュームのある仏花や、緑濃い樒《しきみ》、榊《さかき》を入れた桶が五つ。そこへ黒猫がやってきてごろんとした。猫ときれいな仏花、いい光景だなあ。カバンからスマホを取り出そうとしていると、軽バンの後ろあたりから黒Tシャツの青年が現れた。

「撮っていいですか」

「もちろんもちろん」

ところが、私がもたもたしているうちに黒猫は桶の後ろに行ったかと思うと、いなくなってしまった。

「ここの子ですか？」

「そう。霊園に捨てられてたのを拾って。もう十六歳のおじいちゃん猫」

軽バンがその黒猫の家だそうで、見に行くと、もう車内に入ってペチャペチャと水を飲んでいた。あら？　軽バンには火鉢型のコンロも積まれている。

「ガチャッとやって、これでお線香に火を点けてお渡しするんです」

「線香も売っているんですね」

「ええ。手ぶらでお参りに来られるように」

「おいくらですか」

「お線香は三百円。お花は一対《つい》二千百円で、霊園中でうちが一番安いんですよ。あ、一対って、分かりますか」

「はい」

「このごろ、『対』が分からない人が増えてるんですよ」

「あらまあー」

私はオーソドックスな仏花が苦手で、親のお墓にいつもバーンと明るい色の花束を持っていくんですが、と自分のことから、「こちらの仏花は洋花も入っていて素敵ですね」と言うと、

「昔は、菊、菊、菊だったけど、変えなきゃいけないなと僕らの美意識です」と。仏花以外を求める人には、「お墓に飾ったときに、きれいに見えるかどうかは保証できませんよ」と伝えるとおっしゃる。

どういうこと？

「仏花の形には意味があるんです。人間の形なんですね。ここが頭、ここが目、肩、心臓、足……」

桶から一束を取り出し、人間の各部位に当たる位置の花芯を指しながら、そう教えてくれた。初耳だ。

「人間がバランスよく二足歩行ができるのと同じで、仏花はお墓の花立てに挿すとぐらぐらしないで、

背中まっすぐきれいに立つの。これを作るのは、僕、自信あります。単に花束じゃぐらぐらするのよ」

虚を衝《つ》かれた。口伝《くでん》で教わったとのことだった。

玄関の戸が閉まっているのは、3・11で上の柱が歪んで、開け閉めできなくなって以来とも聞き、

「このお花屋さんの跡取りですか」と尋ねてみる。

「いいえ、従業員です。旦那さん、踊りの師匠だった人で、ずっと独身で、子どももいないから」

「従業員歴はもう長いんです？」

「十五年くらいですね。大学生のときのバイトからだから。今？　三十三歳」

山上隆志と名乗ってくれた。富山出身で、大学入学で上京したとき、先にここでアルバイトしていた兄に「お前も手伝え」と言われ、そのままずっと。「教職（資格）を取ったけど、使ったことがない」とにこっとし、「ふつうの仕事じゃないから、面白くて」と続けた。

「ふつうの仕事じゃないって？」と聞き返す。

「毎週毎週、遺骨を見る仕事、ふつうの人じゃ無理だよ（笑）」

いついつ納骨しますと遺族から連絡が入り、前日に墓の区画を掃除し、墓石を磨き上げる。納骨当日は、故人と遺族の思いを汲み取った花の用意のみならず、石屋さんが墓の下部を開けて納骨するのを手伝うのだという。

「もしかして、民俗学とかの専攻でした？」と振ると、

「哲学です。仏教学もちょっと勉強しました」

この店は大正時代から。昔の言葉で言うと「墓守り」。「ヘンな人がいないか見て回り、いたら霊園事務所に報告するのが僕らの仕事なんですよ」とおっしゃる。

「ヘンな人って？」

「お墓参り以外の人」

「それって、どういう人ですか？」

「いや……。墓荒らしは今もういないけど。墓地はヘンな人が集まってくるところなんです。ある人が埋葬されていることが面白くない人もいるのよ。物騒ですよ。しかも、一番お参りの多い年末年始は霊園事務所が休みでしょ。僕らが見張っているわけですよ」

ちょっとここには書きづらいヘンな人たちの話も出て、霊園の花屋さんの役割の奥深さを知る。

「暗くなると、このへん歩かない方がいいですよ」

ということは、「旦那さん」はここにお住まいではないということだろうか。

「いいえ、ここで生まれて、ずっとここに住んでて、家のお墓もすぐそこにあります。八十六歳ぐらい。もうそんなに歩けないから、僕ら――もう一人従業員がいるんですね。僕らがお弁当とか水とか買ってきてあげといて、夕方、戸締りして、朝まで外に出ちゃだめと言って帰るんですね」


その「旦那さん」こと渡邊和雄さんが、「どうぞ」と勝手口から建物の中に招き入れてくれた。紺とブルーのチェックのシャツに、グレーのズボン。水場と小さな流し台が手に届くところにある簡素な椅子に、背筋まっすぐ腰掛けておられた。足元から、蚊取り線香の煙が上がっている。

「昭和の初めの建築だから、こういう建物もうあまりないでしょ。宮大工が建てたの。どうぞ中をご覧になって」

お言葉に甘える。床は石張りで、柱が黒光りしている。天井高が高い。あ、格《ごう》天井だ。ガラス戸の内側にシックな麻のタペストリーがかかり、静々《しずしず》とした空気が流れている。今も「朝五時から二時間掃除している」そうで、埃一つない。中央に横長のテーブルと椅子。カーネーション、スターチス、ガーベラ、ドラセナ、赤い実のついた花、レースフラワーなど、結構大量の花の置き場となっていた。
「建具もガラスもお花も呼吸し続けていますね」。おかしな感想を述べる。

「お客さんとお坊さんが、ここで待ち合わせしていたの。壁に『花處住吉』って木の看板かかってるでしょ。あれ、ケヤキの一枚板。（大工の）頭に作ってもらったのよ」

昔話を教えてほしいんです、と申し上げる。

「大正の初めにね、この店、おばあちゃんが始めたの。日本橋の米問屋の娘だったんだけど、婿養子に潰されちゃってね。食ってかなきゃならないから、赤ん坊だった私のおっかさんを親戚に預けて、二十歳そこそこでここの墓地の事務所の事務員になったの。ここね、アレには明治から東京府の霊園って書いてあるけど、大地主さんが持ってた『日の出墓地』っていう民間の霊園だったのね。で、おばあちゃんは事務員じゃバカバカしいから一人で商売することにして、占いの人に『住吉』って屋号をつけてもらって、今の霊園事務所の近くで花屋を始めてね。昭和の初めにここに移転したの」

へー、ほー、と相槌を打つのがやっとの一気呵成。なぜか女性的な言葉遣いで。

「私？　昭和八年（生まれ）で、平成の天皇と同い年なのね。この八十六年間のこと、なんでも知ってますよ」と、渡邊さんの目がさらに輝く。

「おばあちゃんは、明治二十三年生まれ。おっかさんが大正元年生まれ。養子にきたおとっつぁんが明治三十七年生まれ。おばあちゃんは死ぬまで『長』だったなあ。妹もいて、ここでみんなで暮らしたのよ。物心ついたとき？　前が砂利道で、大八車も馬も通ってたわよ。馬糞を落としてくから、どぶさらいの人が来ていたねえ」

「尋常小学校二年のときに大東亜戦争始まったでしょ。長野の湯田中温泉に学童疎開したのよ。旅館一軒が学校になって、寒いから毎晩温泉に入って温もって。先生が付き添ってくださったし、寮母さんた

ち も面倒見てくださった……。でもね、(一九四五年) 四月十三日は、東京に帰ってたの。深夜、B29がどんどん飛んでくるじゃない。パンパンパンパンって音がするじゃない。池袋が火の海じゃない。怖かったわよー。おっかなかったわよー」

玄関の左手脇に「畳三畳敷き」の防空壕を作っていたそうだ。「プーとサイレンが鳴ると、まずおばあちゃんと私たち子どもが入るの」。畳三畳敷きと大きいのは、「お墓参りに来た人も入れるように」という配慮からだったそうだ。

六年生で敗戦。雑司ヶ谷霊園はほぼ無事だった。終戦直後は、お墓参りに来る余裕のある人などいなかったが、少し経つと、「ご先祖様は大丈夫だったかしら」と来るようになり、お客さんと祖母が無事を喜び合っていた光景を覚えているという。

「その頃、お花屋を継がなきゃって意識、ありました?」

「全然。何も考えてなかったわ」

法政大学第一中学校(現・法政大学中学高等学校)に入学し、何の弾みか、仲間に「お前やってみな」とはやされ、文化祭で「菊娘」を踊ったことをきっかけに、渡邊さんは日本舞踊の世界に入る。近所で教えていた坂東流の先生のところに通い、「昭和二十八年、二十歳でお師範の免状を七代目家元からいただいたの」。蔵前などに稽古場を持って「おもちゃ屋のお嬢さんたちにお教えした」一方で、国立劇場や歌舞伎座の舞台に立ち、女形を演じた。

芸名を聞いても「今さら恥ずかしいから、言わないっ」と教えてくれなかったが、「舞台は、そりゃあ最初はあがったわよ。手のひらに『人』って書いて『人飲み』もしたわ。客席が真っ暗で見えなかったのが、(場数を踏むと) だんだん見えるようになるものなの。あ、あそこに、おっかさんがいるって、客席の顔も見える。すると、しっかりと踊れるものよ」などと、往時の話も少々。

両親が老いてきた昭和四十年代から「踊りの仕事と半分半分くらい」で店も手伝うようになり、「平成十何年」に国立劇場で忠臣蔵「道行旅路の花聟《はなむこ》」の「お軽勘平」のお軽役を演じたのを最後の舞台に、引退したという。「勘平を演じた相手方は、目白に住んでらしたんだけど、五、六年前に亡くなっちゃった。『もう一回一緒に踊らない？』って呼びとめること、もうできないじゃない」と、渡邊さんはシリアスな冗談を言って、小さく笑った。

「花屋さんの仕事は、小さな頃からここにいるから『見覚え』があるじゃない。おばあちゃんやおっかさん、おとっつぁんの仕草が自然に身についているじゃない」

踊りをやってらしたことがお花屋さんに生きていることはありますか、と聞こうとしたが、思い直した。渡邊さんが「あのお手水鉢《ちょうずばち》、いいの買ったの」と、信楽焼の風合いの良い鉢を指して、こんなことを言ったからだ。

「柄杓《ひしゃく》のお作法をご存じ？　お鉢の前にしゃがんで、右手で柄杓にお鉢の水を汲んで、まず左手にかけ、柄杓を持ち替えて右手にかけるの。そのあと柄杓を立てて、溢れるお水で柄のところを清めるのね。和服を着ているときは、しゃがむとき、お裾が濡れちゃうから、内股でポンと着物を挟むのよ。そういうちょっとしたアレができないと野暮くさくなっちゃう」

着物を着て店にいた時分の渡邊さんの姿が目に浮かぶじゃないか。立ち居振る舞いが粋。それに輪をかけて、経営姿勢も粋なのである。「値段を書くなんて野暮」と花に価格を提示しない。墓地区画の掃除の契約も書面をかわさず、口約束な上に「年間二千円」を何十年も変えない。山上さん曰く「行政に意地悪されてるの」。この建物には、今も水道が引かれていないのだが、これっぽっちも不平を言わない。

「昔は、再三おいでになるお客さんが『いつもお世話になっております』とおっしゃり、こちらの気持ちを買ってくださる時代でした。『お釣りは結構です』とか『取っといてください』とチップをお渡しいただくとか、いなせな方も多かったものですが、近年はコンビニ感覚で、じろりと釣り銭を確認されますね」

それもこれも粛々と「時代の流れ」と受け流しているのが、渡邊さんの最たる「粋」だと、話の端々から思えてきた。

「たぶん、あと二年ですよ」と山上さんが言う。地代を東京都公園協会に払っているが、二年後の更新は難しいだろうと。

「山上さんが継いだらいいのに」と私。

「無理無理。一親等でないと継げない決まりなんですよ」

「じゃあ、養子縁組したら？」

「本物の親が許してくれないですよ。それに」

「それに？」

「僕、仲良くなった人をもうみんな見送ったから」

墓参りに来て、話し込んでいくのはお年寄りだ。花と桶を運んであげるから、その人の家の墓を知っている。やがてその人が来なくなって、家族から納骨の依頼が入り、亡くなったと知る。山上さんが先ほど「毎週毎週、遺骨を見る仕事」と言ったのには、そういうニュアンスも含まれていたのだ。

「この店がなくなったら、霊園は確実に荒れますよ。でも、お参りはほとんどが親のお墓までだし、世代交代で法要もあまりやらない傾向にあるでしょ。僕の子どもの世代になると、お墓にも弔いにも興味なくなるだろうし、いずれ雑司ヶ谷霊園はなくなるんじゃないですか」

霊園を愛するがゆえの辛辣な読みだ。

「お花ください」

黒いリュックを背負った中年男性がやってきて、黒猫をひと撫でしてから仏花一対を買った。そして

「これ、貸してもらいますね」と、慣れたふうに箒を手にした。

人間の形を模したきれいな仏花を入れた桶を左手に、箒を右手に持ち、自分ちの墓に向かうその人の姿が、とても幸せそうに見えた。

（２０１９・７）

板橋区成増の「谷口質店」

「質屋をどうアップデートしていくか」

ある日、知り合いのイラストレーターさん（六十九歳）とお茶を飲んでいて、彼の駆け出しの頃の話が出た。

「デザイン学校を出て、最初デザイン事務所に勤めたんだけど、版下作業が多くて。僕はイラストを描きたかったから一年で辞めて、イラストの作品を持って出版社を回って『イラスト込みで、版下までやれます』と営業したんですよ。するとどんどん仕事が入って一人では手が回らなくなって、二十代半ばで会社をつくったんです」

版下……懐かしい。一九七〇年代のことだ。

「最初、アシスタント二人雇ってね。出版社から仕事はどんどん入ってくるんだけど、入金が遅いんですよ。納品の三か月後なんてザラで、もっと遅いところもあって資金繰りが苦しい。自分の給料が出なくてもアシスタントにお給料を毎月払わないといけないでしょ。工面するために、ずいぶん質屋さんのお世話になってね」

ほー、質屋さん？　面白そう、と私は前のめりになった。

「そう。会社は大井町にあったんですが、歩いて五、六分のところの人気のない裏通りに、古い家に門構えの質屋さんがあってね。初老の店主の店でしたが、暖簾《のれん》をくぐるのはやっぱりちょっと気合いが必要でしたけどね」

で、気合い入れて？

「そうそう。必死な時期でしたからね」

何を持って行ったんですか。

「質草にしたのは、取材用のカメラ機材。持っていける金目のもの、それしかなかったから。拡大機もありましたが、畳一畳くらいあって運べないし、日々使うものだし」

カメラでおいくらくらい借りられました？

「もう忘れちゃった（笑）。カメラ機材は、あの頃十五万から二十万くらいで買った新品だったんですよ。なので、それなりに貸してくれて、翌月には返済して（質草のカメラ機材を質屋から）出す。何か月か、そうやってしのいでスタート時期を乗り越えましたね」

銀行で借りようとしなかったんですね？

「そうね、質屋さんは手軽でしたからねえ。それに、毎回同じカメラ機材を持って行っても、通っているうちに信用してくれたのか、貸してくれる額が違ってきてねえ」

多額を貸してくれるようになったってこと？

「そうそうそう」

質屋さんには人情があったんだな。今なら、こういうときカードローンを使っちゃいそうだけど、と思った。

「父が中小企業のサラリーマンで、うちは三人きょうだいだったから、裕福じゃなかったんですよ。母が給料日前の夜中に着物を質屋さんに持って行って、給料日にその着物を取りに行く……っていうのを見ていたから、僕も質屋さんを頼ろうと思ったんじゃないかな」

イラストレーターさんはそんなことも言ったので、そうか、その昔は、質屋さんこそ庶民の味方だったのね――。と思っていた矢先、たまたま山口瞳（一九二六〜九五）の私小説『血族』を読んでいたら、出てきた出てきた。非常に裕福な家の出で、天真爛漫なお母さんが、簞笥の着物を手に足繁く質屋通いをしていたというくだりが。

〈いつの時代でも質屋との縁が切れたことがなかった（略）母は質屋の主人との交渉が上手だった。誰でも手なずけてしまって、相場より余計に借りたし、期日が過ぎても流されてしまうようなことはなかった。利息を踏み倒したりすることもあったと思う。衣類でも宝石でも骨董類でも、質屋より目が利くのだから仕方がないとも言える……〉

ともあった。これは戦前の追憶だが、質屋さんがかつてそれほど人々の暮らしに身近な存在だったのだとひしひし。

では、今、質屋さんはどうなっているんだろう。東京質屋協同組合（千代田区）に、「古くからやってらっしゃるお店を教えてください」と依頼し、紹介してもらったのが板橋区成増の谷口質店だ。

池袋から東武東上線の急行で十分、一駅目の成増《なります》駅。成城石井やスタバなんかもあって、リニューアルのお手本のような駅だが、南側に降りると、モスバーガーの日本一号店だという店舗が見え、庶民的な商店街が続いている。チェーン店全部？　くらいの勢いで、ファストフード店やテイクアウト店もやたら多い。その商店街の片側の電信柱のすべてに「質　谷口　あちら（と矢印）」と書いた広告看板があったので、パチンコ屋を過ぎてダイエーの手前を右折してとことこ歩いていくと、迷うことなくすぐに着いた。

　しかし、そこは、「古くから」のイメージと重ならない、しゃれた四階建てのツインビルだった。二階より上は賃貸マンションになっている模様。質店の入り口は、右手側の階段を数段降りた先のようだが、まず一階のリサイクルショップを訪ねたのは、代表の谷口邦夫さん（六十六歳）がそちらにいらっしゃると聞いてきたからだ。

　ドアを開けると、スローテンポのジャズ音楽が流れ、ブランド物の時計、宝飾品、バッグ、小物、洋服、ネクタイなどがゆったりと品よく置かれていて、アロハシャツが似合う谷口さんと、ヨーガンレールふうの服に身を包んだ妻の泉さんがいらした。あれれ？　って感じで、挨拶もそこそこに「新品に見えるものばかりですが、これ、全部質流れ品なんですか？」と訊く。

「いえいえ。八割はここで買い取ったものですよ」と谷口さん。

「ということは、質屋さんとのご関係は？」

「この『売り店』、三十年前に質屋の倉庫で保管したものを集め、他からも仕入れて売り始めたんですよ。でも、『流しちゃった』というお客さんの品を売って、その方がご覧になったら気分よくないじゃないですか。なので今は、質流れ品は二割くらいですね。ギターも……」

ん？　ギター？　中二階にずらりと約五十台のエレキギター、フォークギターが並んでいて、目を見張った。バイオリンやアンプもスピーカーもあり、楽器店さながらだ。

「僕、音楽をやってたので、ギターの評価ができるんですね。質屋はそれぞれに得意分野があるんですよ。骨董品の目利きとか、カメラ、家電に強いとか。で、うちはギターなんですね……」

　音楽をやっていた？　ほほー、ではあるが、ちょっと順を追ってご説明いただきたく。ヴィトンのバッグを売りにきたお客さんに泉さんが対応する店内で、谷口さんに話してもらった。

「創業は、明治三十六年（一九〇三）。慶応三年（一八六七）生まれの祖父が千葉県印旛郡から東京に出てきて、キクチという大きな質屋で仕事を覚えて、山谷浅草町で開業したんです」

なんと百十六年もの歴史があるとは。山谷浅草町といえば、先に訪ねた山谷の金星堂洋品店が、明治後期にすでに作業着を販売していたことが記憶に新しいが、明治期に木賃宿と労働者の町になっていった地域だ。そういった町は質屋利用率が高く、良きスタートだったと想像に難くない。

谷口さんの父は、明治四十一年（一九〇八）にその山谷浅草町で生まれたが、店は関東大震災で焼失。震災後、滝野川（北区）に移り、二十年経つと戦災でまた閉店を余儀なくされる。親戚を頼って疎開したのが縁のここ板橋区成増で、戦後、再出発をはかった――というのが、大まかな流れだそうだ。

「このビルを建てるまで、ここに木造の店舗付住宅があって、質草を保管する大きなコンクリート造りの四角い蔵が二つありました。その蔵の扉が、銀行の扉のように頑丈でね、鋳物でできたネズミ捕りの網が付いていた。それが、当時の質屋の規格だったんです」

そういえば、私の小学校の同級生にも質屋さんの子がいた。大金持ちだったな、と思い出しながら耳を傾ける。

「面白いのはね」と谷口さんが続ける。「奥さんを質に入れることはできませんが」とにっこりし、「ナマモノと生き物以外、その頃なんでも質草になったんですよ」。

たとえば？

「おでんの屋台。営業を終えて帰ってきた屋台のおでん屋さんが、質草にしたんです。うちで食べる用に、売れ残ったおでんを全部買い上げてから屋台を預かったと、父からも母からも聞きました」

先述したイラストレーターさんや山口瞳さんのお母さんのように、着物を持ってくるのは常套。一九五三（昭和二十八）年生まれの谷口さんは、子どもの頃、蔵にいくつもの鍋や釜、傘など生活用品や、かき氷機まで保管されていたのを見ている。「朝、ごはん粒がついたお釜を質に入れ、夕方取りに来る」というケースもあった。質屋の質を「七」とかけ、「一六銀行」と呼ばれていたという。

と、そこまで聞いてから、今更ながら「質屋とは」がよく分かっていなかったことに気づいて、訊く。

「品物を担保にお金をお貸しする商売です。三か月の期限内に、貸した額と利息を――正式には品物の保管料も兼ねるので、質料と言うんですが――払えば品物をお返ししますし、利息だけ入れて期限の延長もできます。利息を入れずに期限が来ると質流れとなって、品物の所有権が質屋に移転しますが、債務ゼロになる。サラ金と違って取り立てや催促をしないんですね」

なるほどなるほど。つまり、質流れになったときに転売できると踏む価格の範囲で融資する貸金業。利息は質屋営業法に定められた月利九パーセント以内で、各店が個々に決める仕組み。かりに年利にすると高利率になるが、「身の丈にあった額を短期で借りるのが基本」「品物を流すより戻したい商売」と分かったところで、戦後の質屋さん物語に戻っていただこうとすると、

「一九四七年から七三年まで、歩いて十分そこそこのところに、グラントハイツという米軍キャンプの入り口があったんですよ」

と変化球が投げられた。私は、サクッと「グラントハイツ」をスマホ検索する。戦中に日本陸軍が設けた成増飛行場の跡地が接収され、アメリカ陸軍・空軍の家族住宅が建てられた。のちの光が丘パークタウン（練馬区）の場所だった。

「正面ゲートに銃を担いだＭＰが立っていましたが、僕たち子どもは、誰かがこじ開けた鉄条網の隙間からこっそり入れたんです。一面に芝生が広がり、素敵な家が点在するアメリカそのものでした。言葉は通じないけど、自然にアメリカの子どもと仲良くなって遊んで、彼らのママにクッキーやアイスクリ

ームを買ってもらったものです」

と、この話は質屋さん話のプロローグだった。グラントハイツに住むアメリカ人に向けた土産物屋、おもちゃ屋、家具屋などが付近にあり、谷口質店にも米兵がやってきたそう。

「当時まだ珍しかったテープレコーダーを質草に、飲み代を借りにきた米兵もいたんです。数日後、『まだ借りたお金を返せないけど、故郷のママに声の便りを送りたいから、テープレコーダーを使わせて』とやって来て、うちでメッセージを録音し、テープを持って帰った。僕もかすかに覚えています」

生垣のある店構えだったからか、女性と遊べる店だと早合点し、勝手に家の中に入ってきて、夜中に座布団にちょんと座っていた若い米兵もいたとも。父は英語ができないが、千円を「ワンターザン」、二千円を「ツーターザン」と口にし、通じていたという。

レコードを持ってきて、質流れさせる米兵が後を絶たず、蔵には洋盤レコードがたくさんあった。

「プレスリーもチャビー・チェッカーもハンク・スノーも聴き放題だった」と谷口さんが、嬉しそうな顔つきになったので、もしや先ほど「音楽をやっていた」とおっしゃった、そのきっかけですか？

「それもありますね、洋楽が好きになったのは。僕、五人きょうだいの末っ子なんですが、姉たちの影響が一番大きかった。十四歳離れた一番上の姉がパット・ブーンを、二番目の姉がプレスリーを好きで、家でいつもレコードがかかっていたから」とのことで、中学生でギターを弾き始めた谷口さんは、マジで音楽の道を歩む。

大学四年生だった一九七六年、五人の仲間とオレンジ・カウンティ・ブラザーズというバンドをつくり、久保田麻琴プロデュースによるレコードを出してプロデビューした。テックス・メックスというジャンルで、谷口さんはペダルスティールギター担当だったそうだ。ライブはいつも満杯。あと三枚のレコードも、カルメン・マキら錚々《そうそう》たるミュージシャンを迎えて録音した。しかし三年で解散。以後、ペダルスティールギターのスペシャリストとして、名だたるミュージシャンたちをサポートしてきたという。ドラマがいっぱいありそうだが、すみません、今日は先を急がせていただきます。

「ミュージシャンはみんな貧乏なんですよ。楽器を質屋に入れるのは珍しいことじゃない。僕はミュージシャンをしながら、先に兄が継いでいた質屋を手伝っていました。質草に着物もあったし、スーツを持ってくる人もいて、質屋がぎりぎり隆盛だった頃からですね。

でも、サラ金が増えて徐々に徐々に客足が遠のいてきて。どうやって質屋をコンパクトにして続けていくか、あるいは他に新しい商売を見出して生き残るか、とずっと考えているうちにバブルがきた。海外でブランド品を大騒ぎしてたくさん買ってきて、使わないものをまっさらの状態で持ってくる人も出てきて。それで、建て替えてこの『売り店』を始めたんですね、バブル香が残る一九九〇年に」

六歳上の長兄とベテランの番頭さんが質屋、谷口さん夫婦が売り店を仕切り、連携する形で二十年。兄と番頭さんが引退するタイミングに、長男の大地さん（三十九歳）が質屋を継いで十年になる——。

さて、質屋さんへ。店内のオープンスペースは約三畳とコンパクト。カウンターがあり、銀行の窓口のような感じだ。

「どうぞどうぞ、鍵を開けますからご覧になってください」と、大地さんが快く、オープンスペースからドア二つ隔てた質草の保管庫をまず見せてくれた。温度、湿度が管理された三十平米ほどのコンクリート空間。最初に目をひいたのは、ケースに入ったギターの数々。壁際の棚に並ぶバッグ類、入り口近くの細かな棚に整列する指輪、ネックレスなど宝飾品と合わせ、種類ではベスト3のようだ。釣り具、スキューバダイビングのセット、革ジャン、時計、電化製品も目についた。

大半が三か月以内の短期預かりのもので、一部に期間を延長したもの、流れてしまったものが含まれているということですよね？

「ま、そうですね。いろんなお客さんがいらっしゃいますから」と、にこやかに応じ、「原資になるものと引き換えに融資する質屋は優良ビジネスモデルですが、今の世の中、こんなにお金に困っている人がいるってどうよ、という気にもなります」と。まさに今、私がムズムズしていることをそっくり言葉にしてくれた、と思った。付け加えると、人の良さそうな笑顔を向けるこの人は「愛されキャラ」だとピンときた。その直後に、

「こんにちは」

中年の男性客が来店した。「あちらで待っててください」とのことで、私は急いで休憩室に身を隠す。思い切って借金を申し込みにきて、他人がいると気分が悪いだろうとドキドキしたが、壁の向こうから漏れ聞こえてきたのは「これ、いけるかな」「う〜ん、千円ですね」というお客と大地さんの大きな明るい声。

大地さんは、滑舌よく「ありがとうございました」とその人を送り出してから、レイバンのサングラスを手に「これだったんですよ」と現れ、「今日のパチンコ代を、とお思いになったのかなあ。千円が要るってよく分かりませんね」と言う。

初めてのお客には身分証明の提示を求め（二回目からは不要）、台帳にペンで書き写し、日付、品、融資額、利息、期限を記録する。同様のことを「質札」にも書き、お客に渡す。預かった品を封筒や袋に入れて保管する。「パソコンを使うより俯瞰でき、僕にはこのほうが合理的」と、世代に似つかわしくない言葉が出た。先ほどレイバンのサングラスで千円を借りた人の利息は月利〇・八パーセント、八十円。一か月以内だと千八十円を持ってくれれば持ち帰れる。

お金が必要な理由は聞かないんですね？

「聞かない聞かない、立ち入らない。自分から喋ってくる人には、聞いて差し上げますけど。これまで？　親が入院したので田舎に帰らなくちゃならないとか、子どもが病気になったとか、孫に何か買ってやりたいとか、海外旅行代にするとか、ほんとさまざまですね」

十分後、次の来店者は年配の女性のようだ。あいにく休憩室からやり取りの声は聞き取れないが、滞在時間十三分と長かった。

「七十五歳の常連さんです。七年前からいつも同じ十八金の指輪を持って来られる。たぶん、これしか(質草になるものを)お持ちじゃないんだと思います。入れて、出して、入れて、出しての繰り返し。いつも三万円お貸しするんですが、今日は『お兄ちゃんお願〜い、四万円貸して』と頼まれて、お貸ししたんですね」

それは、人情ですか？

「いや、この方がこれまで一度も流していないからです。毎回、ちゃんと取りに来られる。期限を過ぎるときは、きちんと利息を納めに来られる。信用貸しをしちゃいけないと僕は思ってるんです」

この常連さんの四万円には月利七パーセント。高額になるほど利息は低率になる。そんなんじゃ儲からないのでは？　と心配になったが、「最近、一番多額だったのは？」と訊いてびっくり。つい先日、スイスの高級腕時計ウブロを持ってきた男性に、「二百五十万円お貸しした」と台帳を見せてくれたのだった。

貸す金額は、商品の相場を東京質屋協同組合が発行する一覧本やネット情報を参考に判断するという。輸入時計に関してはウオッチコーディネーター資格（一般社団法人日本時計輸入協会）を取得。先代の伯父さんや番頭さんに教わることが多かったのではと思ったが、「それが全然……」と。大地さんが、人情や信用貸しといった旧来の商い方法に魅力を感じなかったらしい。

「新しいお客さんをどうやって獲得して、質屋をアップデートしていくか。ハードル高いですよ。ただ、どの業種も同じでしょ？　肉屋さんがコロッケ売るとか、質屋がリサイクルショップするとかは昭和で、今はもう次のフェーズでしょ？　品物の相場が分かる、偽物を摑まない、お客さんを気分良くさせる。この三つの窓口スキルを上げたい。ってことは原点回帰ですかねえ」

ふむふむ。説得力がある。大地さんは広告代理店の営業マンだったそうで、「動かすお金は何千分の一になったけど、リアルな世界が見られて、質屋のほうがやり甲斐がある」ときっぱりと言う。頼もしい。

都内の質屋さんの数は一九六〇年の約千九百軒がピークで、三百三十六軒まで減ったが、谷口大地さん、あなたが業界の息を吹き返させるんじゃない？　オーバーでなく、そう思えてきた。

（２０１９・８）

新宿区神楽坂の「熱海湯」

「三助四人に女中さん四人が常にいましたね〜」

神楽坂で三十年飲んでいる知人に「板前さんたちが、仕事前に入りに来るんだ」と聞いてから意識し始め、「よくぞ、この姿で」と敬意を表していた。まるで寺社か城郭のように千鳥破風《ちどりはふ》を二つ重ねた堂々たる建物の「熱海湯」は、細い坂道沿いにある。神楽坂通りからは、「熱海湯階段」と呼ばれる風流な石段で繋《つな》がっている。

師走の冷え込んだ日曜日の夕方、初めて暖簾《のれん》をくぐった。

向かって右が男、左が女。ガラガラと戸を開けた途端、私の目はローアングルからのなぜか広角レンズとなって、昭和の風情を捉えた。どっしりした高い格天井《ごうてんじょう》と、ピカピカに磨かれた木の床。脱衣場がやけに広く感じ、木製のロッカーやベビーベッド、台はかりの形の体重計など調度が遠近感を醸し出す。ガラス戸の向こうに、楚々とした洗い場。あっ、洗い場で裸の女の人のシルエットが動いた。おかげで、おっと今は二〇一九年だったと我に返る。

「いらっしゃい」

番台から、淡島千景に似た顔立ちの女性の声。

「一人です」と私。

「はい、四百七十円ね」

じゃらじゃらと小銭を払って、「タオル、あります？」。

「はい、これどうぞ」と、四つ折りの青いタオルを渡してくれた。

「おいくらですか？」

「要らない要らない、タオルは、一枚はサービスよ」

貸しタオル、だった。

先客は六、七人だったので、広々と使わせていただく。

服を脱いで、ロッカーに入れる。そのロッカーの鍵がついた黒いゴムを手首に巻いて、浴場へ。

窓際が水色にペインティングされていて、明るい上に、四方八方ピカピカだ。隣の男湯とシンメトリーになった天井がうんと高い。正面の壁面に、緑の山を背景にした湖のペンキ絵。その絵は右側に続き、男女仕切りの壁は途中までだから、男湯のほうに、頂きに雪をかぶった富士山が描かれているのも見える。いいね〜。

洗い場で、黄色いプラスチックの風呂桶の中に、赤いカランからのお湯と、青のカランからの水を混ぜつつ頭を上げると、鏡にうつる我が三段腹が否が応でも目に入り、おぞましい。けれども、あちらの方もこちらの方も同じような体つきのご年配者だから、安心したりなんかして。

浴槽は、五人ほどが入れる広さのタイルのものが二つ。備長炭を置いたほうに「あつめ」と書かれていたから、そうじゃないほうに入ろうとして、飛び上がった。熱すぎた。一瞬浸けた踵《かかと》の下の皮膚が濃いピンクに変わっちゃった。ふ〜。

ところが、何食わぬ顔で肩まで浸かっている方が、そのときお一人いらして、「ゆっくり入ってきたら大丈夫よ、じきに慣れますよ」

と声をかけてくださる。

ひえ〜、無理です無理です、と言ったものの、後からやって来たもう一人のやはりご年配女性が、「あつめ」の浴槽のほうにすっと体を沈め、「芯から温まるわよ」と吐かれたものだから、私とて「よっしゃ、頑張ります」だ。へっぴり腰で足を入れ、ヒリヒリするのに耐えた。肩まで浸かっちゃうと、なるほど確かにどうってことない。やわらかいお湯に抱かれ、気持ちいいったらありゃしない。

「おかげさまで、最高です」と私。

おふたりともニッコリされた。ぐいぐい話してみたいと思わなくもなかったが、そういう雰囲気でないと遠慮し、ちら見に留める。十分にご年配なのに、髪の束ね方が色っぽい。しかも、お一人が焦げ茶色、もうお一人が濃緑色のマニキュアをされていたから、かつて綺麗どころだった方かしら、と。

そう、ここはかつての芸者町、神楽坂。酸《す》いも甘いも噛み分けてきた方々が常客でいらっしゃる、機微に通じた銭湯なのだと、熱湯の中で斟酌《しんしゃく》したのだが、さて。


「私が嫁いできたのは昭和四十八年だから、それからの話しかできないですけど。奥へ行きましょうか」

四日後の午後三時。番台を夫さんと交代した吉田明美さん（六十七歳）が、そう言ってバックヤードに連れて行ってくださったのだが、驚くことしきり。

まず、その入り口。幌をかけた一トントラックが停まっていて、荷台の幌の隙間から木材が見えたから、もしやと思ったら、「今日も、主人が朝四時起きで、埼玉の解体屋さんまで行ってきてね」。細い通路に、夥《おびただ》しい数の木材が立てかけられてもいた。

「むむ。薪《まき》で焚《た》いてらっしゃったのですね」

「そうよ、ガスも使えますけど、基本、うちはずっと薪。お湯がやわらかいねって皆さんが言ってくださるのは、そのためなんですよ」

裏庭の奥に、優に二十メートル以上はある煙突がそびえていた。

一角に、穴蔵のような釜焚き場があり、五十センチ大ほどにカットした薪が積まれている。四十センチ四方くらいの窯の鉄扉を開けてもらうと、ゴーという炎の音がして、何本もの薪が燃え盛っていた。炎の上に鉄の大釜があるのだそう。

「（お湯がやわらかいのは）それと井戸水。東京中の銭湯、たいてい井戸水ですけど、このあたりは浅井戸なのが特徴らしいの。おじいちゃん（義父）が言ってました」

東京の真ん中で、井戸水を薪で沸かしておられたのだ。テレビドラマ「時間ですよ」を毎週見ていたのは七〇年代前半だったはず。確か、堺正章はボイラーマンだった。あの頃、すでに重油かガスで焚くのが標準になっていたのではなかったか。

「こちらへ」と裏の戸が開かれると、そこは、あの脱衣場よりもさらにさらに古めかしい、茶色い空間だった。ずいぶん温かい。それもそのはず、最も面積をとっているのは、厚い板で覆われた箇所。沸いたお湯が詰まった釜の蓋なのだ。

「そこ、元湯です。ガタンといったら火傷するから、気をつけてね。（釜の湯温は）七十度を切っちゃダメなの。焚いている間中、温度計をチェックして、七十度を切ると薪をくべるの」

七十度の元湯から、パイプを通って浴槽に着くと、お湯は自然にあの温度になるのだという。ろ過器を利用して循環させる設備も、カランに送るお湯の貯蔵箇所もあった。

この茶色い空間は、ご家族のダイニングキッチン兼用のため、中央に食卓テーブルが置かれていて、

213 「熱海湯」

「おかけになって」に甘える。テーブル上の大皿に、みかんやバナナがどっさりあり、「どうぞどうぞ。これ、全部お客さんからいただいたものなんです。一山買って、一人じゃ食べきれないからって、皆さん持ってきてくださるの。お一人暮らしのお年寄り、多いですからね」。

お風呂なしの家に住んでらっしゃるってことなのでしょうか。

「いや、自分ちの狭いお風呂より、広いお風呂がいいわという人がほとんどじゃないかしら。お掃除もしなくて済むし」

なるほど。お掃除といえば、ふと目をやった先に、大きな袋に詰まった灰色の粉が見え、「磨き粉。私、タイルの目地（タイルとタイルの間のつなぎ部分）の少しの黒ずみも嫌。シュッとかける合成洗剤じゃなくて、昔っから用具屋さんが持ってきてくれているこの粉で毎日ゴシゴシやらないと気が済まないんですよ」。脱衣場も洗い場も、隅から隅までピカピカなわけが分かった。「風呂屋の仕事、営業時間よりも準備の時間のほうが長いくらい」と、にこにことおっしゃる。

熱海湯は、戦前から別の人の経営でここにあった。戦災で焼け、復興期に義父が番頭として勤めた。その働きぶりが認められ、一切を任された後、「買ってくれないか」となり、義父の経営となった。千鳥破風の建物は、一九五四（昭和二十九）年に建てられたという。

「銭湯の経営者は、ほとんど石川、富山、新潟の三県の出身なんですね。親戚というより、集落。風呂屋になって成功すると、出身の集落から（手伝いの）人を呼んだんですよ。うちも、おじいちゃんのルーツが富山で、おばあちゃん（義母）が石川。従業員が何人もいて、親代わりになって、男の人は独り立ちさせ、女の人はお嫁に出してきたの。明治生まれの人、偉いよね～。でも、私がここに来たときは、もう家族だけでやっていたので、女手が要った。私は働きに来たようなもの（笑）」

「私の田舎も石川。おじさんがやっていた葛飾の銭湯で働いていたときに、石鹸屋さんが主人とのお見合い話を持ってきたんです。まだ二十歳だったから、できたら結婚したくはなかったんですが、ホテルニューオータニでお見合いした日、主人は私を見た瞬間に私と結婚すると直感したっていうの」

それはそれは……。夫さんは九歳上だそう。そんなプライベート寄りの話から、「結婚してちょっとして、義父に代わって私が番台に座るようになったんです。あけたて（開店時刻後すぐ）は、芸者衆、マスター、寿司屋さん、三味線弾く人、仲居さんがどっと入ってこられた。あの頃、休みは八のつく日だけでした」と銭湯の表舞台の話にいきかけた。が、「ほんと、働きっぱなし。（睡眠不足で）毎日、眠くて眠くて。でも、おじいちゃんが行っておいでと言ってくれて、いつぞやこどもの日に、上野動物園に行ったんです。主人は（銭湯の）準備があるから、私一人で小さな息子二人を連れて。そしたら、入場券を買うのに長蛇の列ができていて。（銭湯が）開く時間が迫ってきて、動物園に入るのを諦めて、公園の遊具で息子たちを遊ばせただけで帰ってきたことがありましたねえ」と幕裏話に戻った。私は心の中で、岡本真夜の曲「TOMORROW」にあった「涙の数だけ強くなれるよ」というフレーズを口ずさんだりなんかする。

「でもね、私は家族にもお客さんにも恵まれたと、つくづく思います。おじいちゃんは、組合で『うちの嫁さんはよくやってくれている』と褒《ほ》めてくれていたそうだし、おじいちゃんは七十八で、おばあちゃんは八十三で『子孝行』な亡くなり方だったし、それに」

それに？

「うちのお客さん、みんな品がいいの。私のこと『おねえさん』『おかあさん』と呼んでくれて、いろんなこと教わりましたよ」

例えば？

「相槌の打ち方。『そうだね～』はダメで、『そうかい』って言いなさいって」

芸者さんの心得からの忠言だったらしい。銭湯は心も裸にできる場所だから、「聞いてちょうだいよ」とばかり、常客から本音がポロッと出る。軽い相槌のつもりで「そうだね～」と発しても、どこかで「銭湯のおねえさんが言っていた」と、主語をすり替えられかねない。それが誰かの悪口だったりしたら、大変なことになる。比べて、「そうかい」は肯定も否定もしない相槌だから、そうはならないと。

深いですね～、勉強になりますね～、と私。

「あ、Aさんという人がいました」と明美さんが言った。

「『夜十二時になって来なかったら電話してきて』と頼まれていた、物書き。で、『十二時ですよ～』と電話したら、いつも『分かった。今から行くよ～』って。まだ五十代。奥さんと別居し、この近くの仕事場に住んでいて、花に詳しくて、群生地を教えてくれて、主人と見に行ったりした、そんな仲だったんです。釣り人が着るような、ポケットがいっぱいついたグレーの上着をいつも着ていて、そのポケットに通帳もパスポートも全部入れてる、ヒゲ面の人でね」と説明が続いたので、常客と「友だち」になった話かと思ったら、

「Aさんは、うちへ死にに来たのかもしれないんです」

えっ？

ある日、Aさんが「明日から四日間、仙台に行くから（熱海湯に）来ないよ」と言ったので、「出張？　じゃあ、お母さんのところへ寄ってきたらいいね」と話した。宮城県の出身だったのだ。ところが、行った翌日にもう帰ってきて、いつものように熱海湯に来た。「あら、早かったのね、お母さんちに寄らなかったの？」と明美さんが聞いたが、返事はなかった。そのAさんが、浴槽から上がってパタンと倒れた。

「び～っくりして駆け寄って、私、心臓マッサージしたんです。でも、ダメ。もう瞳孔が開いてた。救急車に主人が一緒に乗って女子医大へ運ばれて……病院で亡くなった。クモ膜下出血だったんです」

夫婦で葬式に出た。早稲田の同級だと聞いていた著名人も列席していた。宮城からお母さんが来られていて、亡くなる前に実家には顔を出していないことが分かり、「仙台に行った」を知っていたのも自分たちだけだった。

「それから二年ほどして、Aさんと昔親しかったという女性から電話がかかってきたんです。『そちらで亡くなったと知り、一人で寂しく亡くなったんじゃなくて良かったです。ありがとうございました』と、電話の向こうですごく泣かれたんです……」

突き刺さる話だった。

明美さんが番台に戻り、夫の浩さんが来てくださった。誰かに似てらっしゃる。あ、長門裕之だ。と思ったことは胸に秘め、質問開始。

――奥さまから、熱海湯はお父さまが戦後に始められたと、あらましを聞きましたが。

「親父は日本橋にあった『木村湯』の二男坊で、戦前は麻布で風呂屋をやっていたらしいんです。なので、僕は麻布生まれです。親父が戦争に行ってから、空襲がひどくなって、母の実家――石川県羽咋《はくい》郡土田村に疎開した。父はビルマに行っていたそうで、復員して、軍服姿で田舎へ会いに来たのを覚えてます。東京で暮らす目処《めど》がついたら呼ぶ、と。親父は熱海湯の仮店に番頭で入り、母と僕たちきょうだい三人が神楽坂へ来たのは、昭和二十五、六年。僕は小学校二年でした」

――仮店って？　その頃の神楽坂って？

「焼けた後に建てたバラックのような風呂屋。あ、ここ（バックヤード）がその名残です。都心でこんな汚いところに住んでるの、ウチくらいでしょ（笑）。昭和二十九年に建てたのは、表側の建物だから。当時、あたり一面焼け野原で、掘っ建て小屋がポツポツ。省線の走る音が聞こえ、二階から（皇居の）お堀が見えましたもんね」

神楽坂が、寛永年間（一六二四〜一六四四）に端を発する屈指の花街だったのは承知のとおり。焼け野原と化した戦後、復興の途を駆け上がった。映画館も料亭もびっしりの一大繁華街となり、熱海湯階段を上った辺りに、十人ほどの芸者を抱えた置屋が何軒も並ぶようになったという。「太鼓持ちに手を引かれた芸者が、挨拶回りに行く正月風景」が、少年の日の浩さんの目に焼き付いている。

「親父の話じゃ、芸者さんはうちに来るだけで二百人いたそうですよ。それも、『化粧前』と、お座敷の後の『化粧落とし』に、一日二度入りに来た。料亭の女中さんや仕出屋の若い衆も……。昭和三十年代半ばくらいまで、この狭い中に三助《さんすけ》四人に女中さん四人が常にいましたね〜。あ、三助って分かりますか」

――お客さんの背中を洗う人ですよね？

「背中を洗って流すだけじゃなくて、肩を叩いたり、揉んだりする。江戸っ子は宵越しの金を持たないって言うでしょ。職人の親方も芸者さんも、自分では体を洗わない。木札を買って、三助を頼むのが粋だったんですよ」って、どういうことか。

懐が豊かな客は、番台で風呂代を払うのに加えて「木札」を買う。すると、番台から「流しだよ〜」と声が飛ぶ。釜焚きなど裏で働いている従業員が、白い猿股・ランニング姿になって洗い場に急ぎ、木札を持っている客のところへ行く。背中をごしごし、マッサージの大サービスをして、お客を満足させたのだという。木札が三助さんへのいわばチップ。営業終了後、全部の木札分のお金を番台から受け取り全員で均等に分ける。そういう仕組みだったそう。

「木札が、男っぷり、女っぷりの証だった」とおっしゃる。ということは、女風呂へも男の三助さんが？

「そう。そういうのがいやらしいと思わない時代だったんだね」

一方、女中さんは、子連れで来た客が気兼ねなく風呂に入れるように、子どもの衣服の着脱を肩代わりし、子守りもする。脱衣籠の監視も重要な役目で、他人の籠を触ろうとする者がいれば「それ、あなたのじゃないでしょ」とピシャリ。世話になった客が、お礼の気持ちの小銭を箱に入れていく仕組み。三助さんも女中さんも給料は安く、そういった客の「男っぷり、女っぷり」的な謝礼金が主たる報酬だったという。

「そういうのを知っているのは七十代以上の人じゃない？　東京オリンピック（一九六四年）くらいまでだったから。粋な人がいなくなって廃《すた》れましたね〜。うちの三助もバタバタといなくなっちゃって」と言ってから、浩さんの声のトーンが下がった。

「でも、僕が大学を卒業する頃、まだ従業員が二人いたから、そのうちまた（従業員が）増えて、ラクできるだろうと甘い気持ちで継いだら、とんでもない苦労が待っていたわけですよ。全部自分でやらなきゃならなくなった」

東京都公衆浴場業生活衛生同業組合（千代田区）によると、東京の銭湯の数は、戦後、一九六八年の二千六百八十七軒をピークに、年々減少した。「粋な人」ばかりか、切実に必要とする人たちが減ったからだろうが、熱海湯では芸者さんが置屋からマンションへと住まいを変えたことも打撃だったという。ちなみに、二〇一九年十二月現在、神楽坂の現役芸者さんは十七人に。熱海湯は、都内五百四十軒となった銭湯のうちの一軒だ。

百坪ある。父が亡くなった後、母に「お父さんの遺した風呂屋をやめないで。お兄ちゃん、お願い」

と拝まれた。莫大な相続税を払うための借金を返し続けた二十年間は、「食べるのがやっとだった」とふりしぼるような口調だった。修理、修繕代も相当かかる。薪で沸かし続けているのは、「燃料代の節約のため」とも聞いて、頭が下がるばかりである。

話を聞き終わって、この日も熱海湯で湯浴みした。意外と、熱湯にすんなりと入れた。先日の私のように、「やばっ」「熱っ」とかなんとか騒いでいる若い女の子が二人がいた。「レトロな銭湯」を巡っている銭湯マニアの大学生だという。私は、「ゆっくり入ってきたら大丈夫よ、じきに慣れますよ。芯から温まりますよ」と、先日の先客たちのセリフを真似て、常客のふりをした。それを見聞きしていた本物の常客が、ほほほほほほと笑った。

（２０１９・12）

あとがき

ここにあったあの店が、いつの間にか消えている。チェーン店に変わっている。そんな光景に出くわすたび、さみしいなあ、と思う。大変に失礼な物言いだが、個人商店が「絶滅の危機に瀕している」という思いに駆られたことが、本企画のきっかけだ。

そもそもは、阿佐ヶ谷の駅近くにある文房具屋さんである。店頭には、苗字の三文判が入った透明の円柱形容器が常設され、ディスカウントのコピー用紙もファンシーグッズも並んでいるといった、どこにでもある町の普通の文房具屋さんなのだが、あるとき、「これと同じものをください」と百円そこそこのボールペンを持って行った。すると、いつもにこにこしてらっしゃる店主らしき年配男性が、「ダメダメ。もったいない。替え芯がある」とおっしゃる。フリクションペンのような、替え芯が表立って売られているタイプではなく、使い捨てが当たり前のようなタイプのボールペンに対して、だった。

替え芯は、一本六十円だったと思う。その日、私はもちろんこの方のご提案に従い、とても温かい気持ちになった。

目先の利益より、お客のため、モノのため。ひいては、地球環境のため——は言い過ぎかもしれないが、この方の気高い商いに、私はいたく感動したのだった。

量販店やコンビニではこうはゆくまい。一朝一夕にできた店でもこうはゆくまい。

この文房具屋さんのような心意気の店が、いろいろな業種にあるだろうと思えてきて、血が騒いだ。

真っ先に取材を申し込んだこの店主に、「恥ずかしいから」と受けてもらえなかったのは残念だったが、本書は、二〇一八年秋から二〇二〇年春までの間に、営業歴が長そうで、なんだか味があり、街に溶け込んでいると推察する個人商店を訪ね回った記録だ。その店のヒストリー、店主のありようとともに、位置する町やお客さんとの関係も垣間見たいと、無粋に欲張った。

個人商店は、地域の人々の交流の場であり、扱い商品の専門家である商店主が地域の消費アドバイザーであったかも――と膨らんだ妄想は、妄想ではなかった。個人商店は「町の宝」だと確信した。

今、読み返してみると、各稿とも、よくもまあ臆面もなく私情も書き入れたものだと思え、少し恥ずかしい。恥ずかしいついでに、一連の取材中にときどきふと思い出された三つのことを書いてしまおう。私もライター業が長くなった。

一つは、一九八〇年代。私は青かった。三重県・志摩半島のご年配の海女さんに「なぜこの仕事につかれたのですか」と紋切り型に聞いたら「村の習慣でしたからのお」と答えられたこと。

二つ目は、同じく八〇年代、市井で働き続けていた大勢の女性に「あなたにとって、働くとは？」との一問一答をお願いしたうち、一番多かった答えが「ハタ（側、傍）をラクにさせる」

だったこと。

三つ目は、二〇〇〇年頃。まだまだ分かっちゃいなかった。大阪・鶴橋の市場内の雑貨店で、「夜、何時まで営業ですか」と尋ね、「寝るまで」と答えられた年配主に、「まあ。それは大変ですね」とかなんとか反応すると、憮然とされた。「一個でも多く売らな。当たり前やろ。そんなことも分からんで来たのか」と叱られたこと。

あの頃よりは、ちょっとは私も〝大人〟になったのだろうか。いやいや、まだまだだ。今以ってしっくりこないことを聞いたりしているなあと、再度読み返して思う。そのあたりを突っ込みながら、取材の場に一緒にいる気分で読んでいただけたらうれしい。登場するのは、東京（＋横浜）の店ばかりだが、全国どこにもこうした素敵な個人商店はあると思う。現時点で、コロナ禍にもめげず、登場全店が頑張っておられる。ご立派である。

編集を担当してくれたのは、かれこれ三十年の知己、筑摩書房の青木真次さん。一緒につくった六冊目の本となった。イラストの中村章伯さんとはかつて旅行雑誌で組んでから二度目だ。お二人と、あれやこれやと話をしたおかげで本書は出来上がった。ありがとうございました。ご登場いただいたお店の方々にも、心からお礼申し上げます。

二〇二〇年一一月

井上理津子

井上理津子（いのうえ・りつこ）
一九五五年、奈良県生まれ。フリーライター。大阪を拠点に人物ルポ、旅、酒場などをテーマに取材・執筆をつづけ、二〇一〇年、東京に移り住む。その後、『さいごの色街　飛田』『葬送の仕事師たち』など、現代社会における性や死をテーマに取り組んだノンフィクション作品を次々と発表し話題となる。

絶《ぜつ》滅《めつ》危《き》惧《ぐ》個《こ》人《じん》商《しょう》店《てん》

二〇二〇年十二月十五日　初版第一刷発行
二〇二一年　三　月十五日　初版第二刷発行

著者　井上理津子
装幀　倉地亜紀子
発行者　喜入冬子
発行所　株式会社筑摩書房
一一一-八七五五　東京都台東区蔵前二-五-三
電話番号〇三-五六八七-二六〇一（代表）
印刷　三松堂印刷株式会社
製本　三松堂印刷株式会社

ISBN978-4-480-81856-0 C0095